兰州大学中央高校基本科研业务费专项资金重点项目"英雄烈士人格利益保护法律问题研究"（项目编号：17LZUJBWZD017）资助

保护英雄烈士

法律问题研究

迟方旭 张馨元 王媛 著

中国社会科学出版社

图书在版编目(CIP)数据

保护英雄烈士法律问题研究/迟方旭、张馨元、王媛著.—北京:中国社会科学出版社,2017.8

ISBN 978 – 7 – 5203 – 0780 – 2

Ⅰ.①保…　Ⅱ.①迟…②张…③王…　Ⅲ.①烈士—保护—法律—研究—中国　Ⅳ.①D923.84

中国版本图书馆 CIP 数据核字(2017)第 179052 号

出 版 人	赵剑英
选题策划	刘　艳
责任编辑	刘　艳
责任校对	陈　晨
责任印制	戴　宽

出　　　版	中国社会科学出版社
社　　　址	北京鼓楼西大街甲 158 号
邮　　　编	100720
网　　　址	http://www.csspw.cn
发 行 部	010 – 84083685
门 市 部	010 – 84029450
经　　　销	新华书店及其他书店

印刷装订	北京鑫正大印刷有限公司
版　　　次	2017 年 8 月第 1 版
印　　　次	2017 年 8 月第 1 次印刷

开　　　本	710×1000　1/16
印　　　张	9.25
插　　　页	2
字　　　数	129 千字
定　　　价	48.00 元

凡购买中国社会科学出版社图书,如有质量问题请与本社营销中心联系调换

电话:010 – 84083683

目　　录

序　言

对英雄烈士保护的学术研究，理应在更为广阔的场域和学科范围内全面、系统地予以展开。但很长一段时间以来，在一定程度上可以说，传统的场域和主流的学科往往是马克思主义理论、哲学和历史学等，其他的主流学科，譬如法学，很难见到富有针对性的关于保护英雄烈士的学术研究，这不能不说是一种缺憾。

迟方旭同志长期从事马克思主义法学研究，取得了一系列较为丰硕的成果，即将付梓的《保护英雄烈士法律问题研究》一书，是他在马克思主义法学研究历程中的新作，也是学术界目前在马克思主义理论、哲学和历史学之外，较为少见的从法学角度展开的对保护英雄烈士相关问题的学术研究。

我认为，该书的特点或意义在于：

第一，该书有助于形成、完善保护英雄烈士的理论系统。历史学、哲学和马克思主义理论对保护英雄烈士作出了诸多不可否认的卓越贡献，但法学的长期缺席致使保护英雄烈士的理论体系始终处于一种不够完满的状态。该书探索从法治思维和法治方式角度保护英雄烈士，有助于形成、完善保护英雄烈士的学术理论系统。

第二，该书切合全面推进依法治国的时代主题。党的十八届四中全会作出了全面推进依法治国的重大决定，并将全面推进依法治国界定为党领导人民治国理政之"四个全面"战略布局的重要一环。在当今历史背景之下，实施对英雄烈士的保护，理应与其他各项理论工作和实践工作一样，系统、全面地贯彻法治思维和法治方式。法治思维和法治方式在保护英雄烈士领域的缺位，与全面推进依法治国的历史背景和时代要求并不相符。

第三，该书有助于补强保护英雄烈士的社会效果。历史学、哲学和马克思主义理论对英雄烈士保护的研究，理论效果强于实践效果；若以法治思维和法治方式探究如何保护英雄烈士，法学将以其特有的实践理性甚至以其具体的保护方案（理论性的和技术性的），将实现与历史学、哲学和马克思主义理论学科的配合。理论和实践相得益彰的效果，既是形成保护英雄烈士学术合力的表现，又能确保英雄烈士受到侵害的弊害充分暴露于社会公众之中，有助于激发和聚合社会公众，而不是仅仅理论工作者的保护英雄烈士的精神力量。

是为序。

李慎明

二〇一七年一月七日

（序言作者系全国人大内务司法委员会副主任委员、中国政治学会会长、中国社会科学院原副院长）

一 以法治思维和法治方式保护英雄烈士人格利益①

对历史虚无主义的反对，理应在不同的角度和方法上得到体现。其中，在全面推进依法治国、建设社会主义法治国家的宏大历史背景之下，运用法治思维和法治方式保护英雄烈士人格利益，意义尤为重大。若能运用法治思维和法治方式保护英雄烈士人格利益，视觉效果将更好，辨识力度将更大，说服面积将更广，更兼有正本清源的实质作用。但问题的关键在于，法治思维和法治方式讲求具体的制度设计，不依赖抽象的理论说教，因此，必须寻求某种具体法律制度的构建作为法律命题的提出，为以法治思维和法治方式保护英雄烈士人格利益提供具体载体或依托。笔者认为，民法上的公序良俗原则可承担此种具体载体或依托的角色，以之保护英雄烈士人格利益，可满足法治思维和法治方式的要求。

民法上的公序良俗原则，是公共秩序和善良风俗的简称，是指国家和社会生存发展所必须具有的一般秩序和一般道德。其中的良俗或善良风俗，侧重于道德观念和道德风尚，其意义在于借助道德的法律化，要求民事主体所实施的民事行为不得与之相抵触，以维

① 本文以《运用法治思维遏制历史虚无主义》为题发表于 2016 年 3 月 10 日《中国社会科学报》第 1 版。

系国家和社会生存发展所应具有的一般道德。在我国的民事法律规范中，虽然没有明确地使用"公序良俗"的字样，但民法学界普遍认为，《民法通则》《物权法》和《合同法》中所规定的"社会公德"和"社会经济秩序"等，就是我国民法对公序良俗原则的确立。

历史虚无主义之所以应当予以反对，恰在其对党、国家和民族历史的"虚无"化（通过"虚无"化所要达到的目的，在此暂且不论），而党、国家和民族的历史是作为历史记忆存在于社会公众之中的，因此，历史虚无主义的"虚无"，其实质并不是对历史的"虚无"，而是对社会公众既有的历史记忆的清除，甚至是以他种历史记忆置换社会公众已有的历史记忆。最为重要的是，社会公众既有的共同的历史记忆，在实际社会生活中，不仅仅是一种内在于个体大脑中的记忆，更已经演化为客观存在的民族情感、社会情感和社会道德。故而，对历史的"虚无"化，从表面看来是对历史的"虚无"化，实际上是对历史记忆的"虚无"化，是对民族情感、社会情感和社会道德的"虚无"化。

由于社会公众共同的历史记忆已经演化为民族情感、社会情感和社会道德，更由于此种民族情感、社会情感和社会道德的"虚无"化将致使国家和社会丧失生存和发展所必须具有的一般道德条件，因此，对社会公众共同历史记忆的"虚无"化，可视为对善良风俗原则的违背。也不难看出，将社会公众共同的历史记忆作为民法上的善良风俗对待，于法理畅通，于情理无阻。于是，我们可以得出结论说，以民法上的善良风俗原则保护英雄烈士人格利益，便是以法治思维和法治方式保护英雄烈士人格利益的具体制度设计，至少是其中的具体制度设计之一。

当然，由于将社会公众共同历史记忆作为民法上的善良风俗对待，关涉到社会道德的法律化，是须审慎对待的重大课题，因此对其内涵和外延必须给予严格的界定。首先，须严格地界定能够作为善良风俗对待的社会道德的范围。为防止社会道德的"泛法律化"，维持法律与道德之间最为基本的边界，保证道德和法律各在其不同的角度上对社会生活发挥调整作用，必须将能够上升为善良风俗的社会道德严格限定于符合主流价值观的共同历史记忆。至于何为主流的价值观，笔者认为，凡与社会主义核心价值观相同或相符的价值则可认定为主流的价值观，与之不同或相反的价值观不宜作为主流价值观对待。特别需要注意的是，对社会主义核心价值观并不能够作抽象的理解和运用，理解和运用时须特别关注其"社会主义"的性质和方向，以防止对社会主义核心价值观作"泛价值观"的处理，从而难以管控道德"泛法律化"的范围和程度。其次，须严格地限定共同历史记忆作为善良风俗对待的法律意义。将社会公众的符合主流价值的共同历史记忆作为民法上的善良风俗对待，仍须遵守公序良俗原则作为民法基本原则的一般功能和作用，不能在民法范围之外不适当地扩大善良风俗原则的功能和作用。换言之，社会公众的符合主流价值的共同历史记忆能否成为民法上的善良风俗，就其法律效力的来源观察，应该是审判机关行使司法自由裁量权的产物，是法官在案件审理活动中适用公序良俗原则的结果，它只能在诉讼活动中产生，不能离开诉讼活动而任由民事活动中的任何一方当事人单方面地给予认定，在这种意义上，它是一种裁判规则。同时，就法律适用的结果观察，尚不能得出结论说，与社会公众的符合主流价值观的共同历史记忆不符或相反的行为，便是民法上无效的行为。因为，与社会公众的符合主流价值观的共同历史记忆不符或相反的所有行为，并非都是具有民事行为意义的行为。只有面对具有民法意义的行为，将符合主流价值观的共同历史记忆作为善良风俗对待方才具有法律意义。也唯有如此，方能彰显出以法治思维和法治方式保护英雄烈士人格利益自身所应具有的逻辑自洽性，不至于损害最为基本的社会主义的法治精神。

历史经验已经告诉我们，任何一个国家、社会或民族，若想强大富足，厉行法治是不二选择，以法治思维和法治方法分析、判断、解决已有、现有或将有的社会问题，是法治社会之下社会公众都应具有的共通能力，现阶段对历史虚无主义的反对也不例外，以法治思维和法治方式保护英雄烈士人格利益的意义也在于此。同时还必须指明的是，历史虚无主义本身对中国特色社会主义法治理论和实践也有损害，在这个意义上，以法治思维和法治方式保护英雄烈士人格利益，就成为社会主义法学和法治的一项义务了。

二 以个案诉讼方式保护英雄 烈士人格利益①
——"狼牙山五壮士"名誉纠纷案一审判决的启示

日前，北京市西城区人民法院作出了"狼牙山五壮士"后人葛某某、宋某某诉《炎黄春秋》前执行主编洪某某名誉权纠纷案的一审民事判决，支持了原告葛某某、宋某某的诉讼请求，备受社会各界广泛关注的"狼牙山五壮士"名誉纠纷案至此告一段落。笔者认为，该案一审判决具有标志性的历史意义，不容忽视。它不仅从司法上支持了本案原告的诉讼主张，捍卫了英雄烈士的历史名誉和社会的公共利益，更重要的是，这一判决是以个案诉讼方式保护英雄烈士人格利益的一次重要尝试，可以说，对于近年来社会中掀起的一股"戏说历史"、丑化英雄的不以为耻反以为荣的历史虚无之风亮出了法律底线和司法"红线"，具有在先判例的价值（虽然该判决尚未成为生效判决，但丝毫不影响它的价值以及我们对它的分析）。就此而言，该案一审判决的意义，既在于对原告合法权益的维护，更在于对历史虚无主义违法行为的警示和预防。

"狼牙山五壮士"的壮烈故事极其深入人心，不仅具有个体的

---

① 发表于中国法院网，http://www.chinacourt.org/article/detail/2016/06/id/2000403.shtml，2016 年 6 月 29 日。

价值，更具有社会的意义。对于个体而言，无论是"狼牙山五壮士"还是本案原告即他们的晚辈直系亲属，所体现的价值既是"狼牙山五壮士"对自身理想信念的坚守以及为坚守理想信念所作出的巨大牺牲，又是他们的晚辈亲属对父辈们理想信念的认可、秉承以及因之而来的荣誉感等人身权益；对于社会而言，"狼牙山五壮士"的英雄事迹更意味着抵御外侮的民族气节和捍卫国家主权的高尚情操。本案判决书对原告诉讼请求的支持，体现出了审判机关代表国家对民族共同历史记忆的尊重、对共同民族情感的维系和对社会公共利益的保护。可见，在本案中得到维护的利益，不仅是作为诉讼当事人的原告的合法权益，还包括社会的公共利益，即社会公众共同的历史记忆和普遍的民族情感。

遍观世界上各个国家争取主权独立、领土完整的光荣历史，各个国家的人民莫不谱写出一部又一部与"狼牙山五壮士"相类似的彻入肺腑、感人泪下和催人奋进的壮烈事迹与动人篇章，这些事迹和篇章构成了各国人民各自共同的历史记忆和民族情感。在世界各国人民心目中，它像珍珠一样宝贵，正是借着这各自共同的历史记忆和民族情感，不忘屈辱、奋发图强才能够成为激励各国人民不断前进的内在动因。因此，对民族共同历史记忆的否定，最直接的负面后果便是对共同民族情感的否定。它即使达不到彻底否定的后果，至少也起到了动摇、淡化和混淆视听的作用，历史虚无主义的危害也于此可见一斑。本案中被告对"狼牙山五壮士"英雄事迹真实性的公开质疑和公然否定亦不例外，它也只不过是历史虚无主义非常具体的表现之一而已。本案判决的意义也正恰恰在于，它不仅是对被告侵权行为的一次民事制裁，更是以个案诉讼的方式对历史虚无主义的一次谴责和反对。

笔者赞同对历史虚无主义的反对采用法治思维和法治方式。对历史虚无主义的反对，本来就应该在不同的角度和方法上得到体现。其中，在全面推进依法治国、建设社会主义法治国家的宏大历史背景之下，运用法治思维和法治方式保护英雄烈士人格利益，意义尤为重大，视觉效果将更好，辨识力度将更大，说服面积将更广，更兼有正本清源的实质作用。法治思维和法治方式讲求具体的制度设计，不依赖抽象的理论说教，因此，必须以某种具体法律制度的构建作为法律命题的提出，为以法治思维和法治方式保护英雄烈士人格利益提供具体载体或依托。笔者认为，民法上的公序良俗原则可承担此种具体载体或依托的角色，以之保护英雄烈士人格利益，可满足法治思维和法治方式的要求。在本案中，审判机关之所以判决支持原告的诉讼请求，就是因为被告所实施的侵权行为不仅侵害了原告享有的名誉权这一民事权利，还因为被告的侵权行为同时损害了社会的公共利益。在民法上，我们通常将后者称为公序良俗。

公序良俗是民法上的一项基本原则，是公共秩序和善良风俗的简称，是指国家和社会生存发展所必须具有的一般秩序和一般道德。其中的良俗或善良风俗，侧重于道德观念和道德风尚，其意义在于借助道德的法律化，要求民事主体所实施的民事行为不得与之相抵触，以维系国家和社会生存发展所应具有的一般道德。在我国的民事法律规范中，虽然没有明确地使用"公序良俗"的字样，但民法学界普遍认为，《民法通则》《物权法》和《合同法》中所规定的"社会公德"、"社会公共利益"和"社会经济秩序"等，就是我国民法对公序良俗原则的确立。

在本案中，审判机关认定被告的侵权行为损害了社会的公共利益即公序良俗，实质是指明了历史虚无主义在法律上的违法性和对社会所造成的危害后果。历史虚无主义的违法性和危害性，就在其对党、国家和民族历史的"虚无"化（通过"虚无"化所要达到的目的，在此先暂且不论）。党、国家和民族的历史是作为历史记忆存在于社会公众之中的，因此，历史虚无主义的"虚无"，其实质并不是对历史的"虚无"，而是对社会公众既有的历史记忆的清除，甚至是以他种历史记忆置换社会公众已有的历史记忆。最为重要的是，社会公众既有的共同的历史记忆，在实际社会生活中，不仅仅是一种内在于个体大脑中的记忆，更已经演化为客观存在的民族情感、社会情感和社会道德。故而，对历史的"虚无"化，从表面看来是对历史的"虚无"化，实际上是对历史记忆的"虚无"化，是对民族情感、社会情感和社会道德的"虚无"化。由于社会公众共同的历史记忆已经演化为民族情感、社会情感和社会道德，更由于此种民族情感、社会情感和社会道德的"虚无"化将致使国家和社会丧失生存和发展所必须具有的一般道德条件，因此，对社会公众共同历史记忆的"虚无"化，实质就是对善良风俗原则的违背。也不难看出，在本案中审判机关将社会公众共同的历史记忆作为民法上的社会公共利益即公序良俗对待，于法理畅通，于情理无阻。因此，笔者赞同审判机关对被告侵权行为性质的认定，特别是赞同对被告侵权行为损害社会公共利益和违背公序良俗原则性质的认定。当然，我们同时也可以得出结论说，以民法上的善良风俗原则保护英雄烈士人格利益，便是以法治思维和法治方式保护英雄烈士人格利益的具体制度设计。

当然，由于将社会公众共同历史记忆作为民法上的善良风俗对待，关涉到社会道德的法律化，是须审慎对待的重大课题，因此对其内涵和外延必须给予严格的界定，以消除有人对公序良俗原则容易被滥用的担忧。首先，须严格地界定能够作为善良风俗对待的社会道德的范围。为防止社会道德的"泛法律化"，维持法律与道德之间最为基本的边界，保证道德和法律各在其不同的角度上对社会生活发挥调整作用，必须将能够上升为善良风俗的社会道德严格限定于符合主流价值观的共同历史记忆。凡与社会主义核心价值观相同或相符的价值则可认定为主流的价值观，与之不同或相反的价值观不宜作为主流价值观对待。其次，须严格地限定共同历史记忆作为善良风俗对待的法律意义。将社会公众的符合主流价值的共同历史记忆作为民法上的善良风俗对待，仍须遵守公序良俗原则作为民法基本原则的一般功能和作用，不能在民法范围之外不适当地扩大善良风俗原则的功能和作用。换言之，社会公众的符合主流价值的共同历史记忆能否成为民法上的善良风俗，就其法律效力的来源观察，应该是审判机关行使司法自由裁量权的产物，是法官在案件审理活动中适用公序良俗原则的结果，它只能在诉讼活动中产生，在这种意义上，它是一种裁判规则。在本案中，审判机关所维护的社会公共利益即公序良俗，是主流的共同历史记忆和民族情感，是在诉讼过程中审判人员运用司法裁量权的结果，并不构成对公序良俗原则的滥用。

综上言之，公开质疑和公然否定"狼牙山五壮士"英雄事迹的真实性，从表面看来，是对"狼牙山五壮士"晚辈直系亲属名誉权等人身利益的侵害，更令人担忧的是侵权行为人以历史虚无主义的手法，严重背离公序良俗的民法基本原则，最终达至"虚无"或置换中华民族共同历史记忆和共同民族情感的目的。因此，其侵权行为的违法性、其损害后果的严重性，也不仅在于个体的价值，而且具有了社会的意义："狼牙山五壮士"晚辈直系亲属的人身权益受损事已不小，是民事侵权行为，中华民族抗击外侮民族情感的消失事情更大！试问，一个国家若丧失了凝聚内力的共同历史记忆和民族情感，没有了公序良俗，遑论屹立于世界强族之林？又遑论实现中华民族伟大复兴的中国梦？

三 四份涉及英雄烈士人格利益民事判决书的判决共识及其意义①

——一评四份涉及英雄烈士人格利益的民事判决书

2015 年底至 2016 年中，北京市两级人民法院先后就涉及英雄烈士人格利益的四起民事侵权案件作出了四份涉及英雄烈士人格利益民事判决书，分别是北京市海淀区人民法院于 2016 年 12 月 21 日就黄某、洪某某与郭某某名誉权纠纷案作出的〔2014〕海民初字第 13924 号民事判决书（以下简称"海淀判决书"），北京市丰台区人民法院于 2015 年 12 月 22 日就黄某、洪某某与梅某某名誉权纠纷案作出的〔2014〕丰民初字第 05325 号民事判决书（以下简称"丰台判决书"），北京市第一中级人民法院于 2016 年 2 月 29 日就黄某、洪某某与郭某某名誉权纠纷案作出的〔2016〕京 01 民终字第 1563 号民事判决书（以下简称"北京判决书"）、北京市西城区人民法院于 2016 年 6 月 27 日就葛某某、宋某某与洪某某名誉权纠纷案件作出的民事判决书（以下简称"西城判决书"）。

---

① 发表于中国社会科学院《世界社会主义研究动态》2016 年 7 月 18 日第 93 期；略作修改后发表于《世界社会主义研究》2016 年第 1 期。

（一）四份涉及英雄烈士人格利益民事判决书的判决要旨

1. 四份涉及英雄烈士人格利益民事判决书对抗日战争及战争中中国共产党地位和作用的判决要旨

海淀判决书认为，抗日战争是中国共产党领导中国各族人民推翻帝国主义统治并取得新民主主义革命伟大胜利的重要组成部分，中国共产党在抗日战争中发挥了中流砥柱的作用；丰台判决书认为，抗日战争是中国共产党领导中国各族人民推翻帝国主义统治并取得新民主主义革命伟大胜利的重要组成部分，中国共产党在抗日战争中发挥了中流砥柱的作用；北京判决书认为，中国人民抗日战争的胜利，是近代以来中国抗击外国入侵的第一次完全胜利，中国共产党的中流砥柱作用是中国人民抗日战争胜利的关键；西城判决书认为，抗日战争是中国共产党领导的抵抗日本帝国主义侵略的一次取得最终胜利的战争。

可见，四份涉及英雄烈士人格利益民事判决书均认为抗日战争是中国共产党领导中国各族人民推翻帝国主义在中国统治的战争，是新民主主义革命的重要组成部分，中国共产党所起到的是中流砥柱的作用。虽然海淀判决书、丰台判决书和西城判决书并未像北京判决书那样，明确地将中国共产党的中流砥柱作用表述为抗日战争取得胜利的关键，但基于它们对中国共产党抗战领导地位和中流砥柱作用的认定，仍然不难得出中国共产党的抗战领导地位和中流砥柱作用是抗日战争取得胜利的关键的结论。

2. 四份涉及英雄烈士人格利益民事判决书对"狼牙山五壮士"英雄事迹历史意义的判决要旨

海淀判决书认为，"狼牙山五壮士"是抗日战争中产生的诸多英雄人物和英雄事迹的典型代表，体现了中华儿女不畏强敌、不惧牺牲的伟大精神，坚定了无数中华儿女奋勇抗日的决心。这些英雄人物和英雄事迹，已经构成了我国各族人民的共同历史记忆，他们大无畏的牺牲精神和坚贞不屈的民族气节，已经成为中华民族感情和精神世界的重要内容。在此问题上，我国社会公众的共识是一致的：丰台判决书认为，以"狼牙山五壮士"为代表的英雄人物和英雄事迹，已经成为中华民族不畏强敌、不惧牺牲精神的典型代表，他们的精神气质，已经成为中华民族精神世界和民族情感的重要内容；北京判决书认为，八路军"狼牙山五壮士"是抗日战争中产生的英雄团体，是中国人民不畏强暴、以身殉国的杰出代表之一，他们所展现的大无畏的牺牲精神和坚贞不屈的民族气节已经成为中华民族的共同历史记忆和宝贵精神财富；西城判决书认为，"狼牙山五壮士"是中国共产党领导的八路军在抵抗日本帝国主义侵略的伟大斗争中涌现出来的英雄群体，是中国共产党领导的全民抗战并取得最终胜利的重要事件载体。在抗日战争期间，"狼牙山五壮士"的英雄事迹成为激励无数中华儿女反抗侵略、英勇抗战的精神动力之一，成为人民军队誓死捍卫国家利益、保障国家安全的军魂来源之一；在和平年代，是我国公众不畏艰辛、不怕困难、为国为民奋斗终生的精神指引，这已经获得全民族的广泛认同，是中华民族共同记忆的一部分，是中华民族精神的内核之一，也是社会主义核心价值观的重要内容。

可见，四份涉及英雄烈士人格利益民事判决书均认为"狼牙山五壮士"是抗日战争中无数英雄人物和英雄事迹的典型代表，它所彰显的是一种不畏强敌、不惧牺牲的革命精神和民族气节，这已经成为中华民族共同的历史记忆，也成为中华民族普遍的精神财富和民族情感，并且对此，社会公众也已经形成了一致的共识。需要注意的是，囿于审理范围的限制，尽管海淀判决书、丰台判决书和北京判决书并未直接对"狼牙山五壮士"英雄事迹的真实性予以认定，这只是由于受诉法院基于案件审理范围的限制，使其不宜超出案件审理范围直接对"狼牙山五壮士"英雄事迹的真实性进行司法审查并得出判决结论，但从它们对"狼牙山五壮士"英雄事迹历史意义的阐释中不难看出三份民事判决书对"狼牙山五壮士"英雄事迹的肯定性态度。此外，令人瞩目的是，西城判决书还进一步将民族的共同记忆、民族精神乃至社会主义核心价值观认定为社会公共利益的一部分。

3. 四份涉及英雄烈士人格利益民事判决书对试图质疑或颠覆"狼牙山五壮士"英雄形象的行为的判决要旨

海淀判决书认为，形式上对抗日战争史中一个具体英雄事迹细节的探究，试图质疑甚至是颠覆"狼牙山五壮士"的英雄形象，实质上是对这起英雄事迹所代表的抗战史尤其是中国共产党领导下的抗日民族统一战线的历史地位和历史作用的再评价，在一定范围和一定程度上伤害了社会公众的民族情感和历史情感；丰台判决书认为，质疑甚至颠覆"狼牙山五壮士"英雄形象的行为，是对英雄人物和英雄事迹的不当言论和评价，甚至是对该英雄事迹所代表的中国共产党领导下的抗日民族统一战线的历史地位和历史作用的再评价，都将会伤害社会公众的民族情感；北京判决书认为，以不同史料之间的差别甚至是细微差别，来质疑、矮化"狼牙山五壮士"的英雄形象，挑战社会公众的传统观念和主流价值观，伤害了社会公众的民族情感和历史情感；西城判决书认为，通过强调与基本事实无关或关联不大的细节，引导读者对"狼牙山五壮士"英雄人物群体抗敌事迹和舍生取义精神产生质疑，进而否定基本事实的真实性，进而降低"狼牙山五壮士"的英勇形象和精神价值，在一定范围和程度上伤害了社会公众的民族情感和历史情感。

可见，四份涉及英雄烈士人格利益民事判决书均认为考究英雄事迹细节的特定行为是在试图质疑或颠覆"狼牙山五壮士"的英雄形象，是对社会公众的民族情感和历史情感的一种伤害。但在四份涉及英雄烈士人格利益民事判决书中，也有明显的四个不同之处：第一，海淀判决书和丰台判决书对试图质疑或颠覆"狼牙山五壮士"英雄事迹的行为的认识，较北京判决书走得更远，认为该种行为实质上是对中国共产党领导下的抗日民族统一战线的历史地位和历史作用的再评价，北京判决书对此未作明确的认定；第二，较海淀判决书和北京判决书而言，丰台判决书和西城判决书对试图质疑或颠覆"狼牙山五壮士"英雄人物和英雄事迹的行为作了法律意义上的界定，即丰台判决书认定该种行为系"不当言论和评价"，西城判决书认为这是一种以贬损、丑化的方式损害他人名誉和荣誉权益的行为，而海淀判决书和北京判决书未对该种行为的性质作出富有法律或准法律意义的界定；第三，海淀判决书、北京判决书和西城判决书未将试图质疑或颠覆"狼牙山五壮士"英雄形象的行为明确地界定为一种侵害英雄烈士人格利益的行为，而丰台判决书对该行为的社会性质作出了明确的界定；第四，与海淀判决书、丰台判决书和北京判决书有着重大不同的是，西城判决书不仅认为民族情感和历史情感因该种行为受到伤害，同时，社会的公共利益也因此受到了侵害。

4. 四份涉及英雄烈士人格利益民事判决书对质疑或颠覆"狼牙山五壮士"英雄形象的行为人的判决要旨

海淀判决书认为，试图质疑或颠覆"狼牙山五壮士"英雄形象的行为人应当预见到自己的行为可能产生的评价、回应、批评乃至公众的反应，并因此对后者负有较高的容忍义务；丰台判决书认为，试图质疑或颠覆"狼牙山五壮士"英雄形象的行为人对其行为所引发的社会公众的批评、激烈批评，甚至是负面评价应当有所预见，其应当承担的容忍义务也相对较高；北京判决书认为，试图质疑或颠覆"狼牙山五壮士"英雄形象的行为人对其行为的后果应当具有一定的认知，对于由此而引发公众的广泛批评甚至是激烈反应，应当负有更高的容忍义务；西城判决书认为，试图质疑或颠覆"狼牙山五壮士"英雄形象的行为人对该历史事件所蕴含的精神价值应具有一般公民所拥有的认知，对"狼牙山五壮士"及其所体现的民族精神和民族感情应具有通常成年人所具有的体悟，对其行为将会损害到"狼牙山五壮士"的名誉及荣誉，损害到近亲属的感情和精神，以及损害到社会公共利益应有所认识，在此情形下，行为人依然以既有状态发表文章，在主观上显然具有过错。

可见，海淀判决书、丰台判决书和北京判决书均认为试图质疑或颠覆"狼牙山五壮士"英雄形象的行为人对社会公众的回应、反应和批评，应当有所预见，并应当负有较高的容忍义务；西城判决书出于案件审理的直接需要，更是认定试图质疑或颠覆"狼牙山五壮士"英雄形象的行为人具有主观上的侵权过错。

5. 四份涉及英雄烈士人格利益民事判决书对反质疑或颠覆"狼牙山五壮士"英雄形象的行为人的判决要旨

海淀判决书认为，反质疑或颠覆"狼牙山五壮士"英雄形象的行为人是出于维护"狼牙山五壮士"英雄形象的主观目的，也是对社会共识、民族情感的表达，其所代表的思想，符合我国社会的主流价值观，并未超出批评的必要限度。其批评行为虽不构成侵权，但仍有不妥之处，因其网络言论具有广泛的影响，在法律上亦应负有较高的注意义务，在社会义务上更应以身作则，坚持并善于使用文明语言，通过说理方式表达自己对问题、行为、事件的看法和意见，为优化、净化网络环境作出更多努力。丰台判决书认为，反质疑或颠覆"狼牙山五壮士"英雄形象的行为人所作出的带有感情色彩的评价和评论，是社会公众普遍民族情感的直观反映，是出于维护"狼牙山五壮士"英雄形象的目的，主旨和主观动机符合社会主义核心价值观，应当予以肯定。但反质疑或颠覆"狼牙山五壮士"英雄形象的行为人负有使用文明语言、维护网络环境清朗洁净的义务，使用不文明语言显属不当。北京判决书认为，反质疑或颠覆"狼牙山五壮士"英雄形象的行为人虽个别用语有不妥之处，但不构成侵权。西城判决书认为，"狼牙山五壮士"近亲属的感情和精神受到了伤害，其合法权益应得到法律的保障。

可见，海淀判决书、丰台判决书和北京判决书均认为反质疑或颠覆"狼牙山五壮士"英雄形象的行为人的行为其主观目的符合社会公众的普遍情感和主流价值观，其行为并不构成侵权，但用语尚存在不妥之处，应加以改进；西城判决书基于案件争议焦点的解决，对反质疑或颠覆"狼牙山五壮士"英雄形象的行为人即案件当中"狼牙山五壮士"的近亲属，明确了其受到侵害的合法权益，并为其保障提供了司法救济。

（二）四份涉及英雄烈士人格利益民事判决书的判决共识和意义

综上所述，四份涉及英雄烈士人格利益的民事判决书，形成了如下判决共识：

第一，抗日战争是中国共产党领导中国各族人民推翻帝国主义在中国统治的战争，是新民主主义革命的重要组成部分，中国共产党所起到的是中流砥柱的作用，中国共产党的中流砥柱作用是抗日战争取得胜利的关键。

第二，"狼牙山五壮士"是抗日战争中无数英雄人物和英雄事迹的典型代表，它所彰显的是一种不畏强敌、不惧牺牲的革命精神和民族气节，这已经成为中华民族共同的历史记忆，也成为中华民族普遍的精神财富和民族情感，并且对此，社会公众已经形成了一致的共识。

第三，试图质疑或颠覆"狼牙山五壮士"英雄形象的行为，伤害了社会公众的民族情感和历史情感。

第四，试图质疑或颠覆"狼牙山五壮士"英雄形象的行为人对社会公众的回应、反应和批评，应当有所预见，应当负有较高的容忍义务。

第五，反质疑或颠覆"狼牙山五壮士"英雄形象的行为人的行为其主观目的符合社会公众的普遍情感和主流价值观，其行为并不构成侵权，但其用语应符合文明规范。

四份涉及英雄烈士人格利益民事判决书所形成的判决共识应深值赞许。赞许的原因，不仅是四份涉及英雄烈士人格利益民事判决书开以法治思维和法治方式在个案诉讼中保护英雄烈士人格利益的先河，更在于四份判决书的判决要旨与宪法精神完全符合，是审判机关在党的领导下依法独立公正行使审判权的表现，这对推动宪法的实施具有重大意义。

《宪法》"序言"规定，"一九四九年，以毛泽东主席为领袖的中国共产党领导中国各族人民，在经历了长期的艰难曲折的武装斗争和其他形式的斗争以后，终于推翻了帝国主义、封建主义和官僚资本主义的统治，取得了新民主主义革命的伟大胜利，建立了中华人民共和国"；《宪法》"以法律的形式确认了中国各族人民的奋斗的成果"。《宪法》的"序言"作为宪法的重要组成部分，与《宪法》其他的组成部分一样，具有最高的法律效力，全国各族人民、一切国家机关和武装力量、各政党和各社会团体、各企业事业组织，都必须以宪法为根本的活动准则，并且负有维护宪法尊严、保证宪法实施的职责。由此观之，侵害英雄烈士人格利益的言论和行为，其行为的根本属性在于构成了对宪法规定和宪法精神的违反，在于其违宪属性，在于其亵渎了宪法的尊严、破坏了宪法的实施。四份涉及英雄烈士人格利益民事判决书在个案诉讼中对英雄烈士人格利益的保护，是国家机关以宪法为根本的活动准则，维护宪法尊严和保证宪法实施的具体体现，它的意义不仅在于对民事侵权案件的裁判，更在于对中国特色社会主义宪法秩序的维护和彰显。

（三）四份涉及英雄烈士人格利益民事判决书的判决共识对司法实践的作用

四份涉及英雄烈士人格利益的民事侵权案件，只是以法治思维和法治方式，特别是以个案诉讼方式保护英雄烈士人格利益的开始，而绝非终结。四份涉及英雄烈士人格利益的民事判决书均以要求侵权行为人承担侵权民事责任的方式较为成功地保护了英雄烈士的人格利益，因此，它们所形成的判决共识对于以后的涉及英雄烈士人格利益的民事案件的审理活动具有重大的司法意义，同时对于理论界对英雄烈士人格利益的保护也起到了鼓舞人心的作用。对于四份涉及英雄烈士人格利益的民事判决书，也应当以法治思维和法治方式予以对待，使共识和共识的作用以制度的方式得以体现；易言之，使四份涉及英雄烈士人格利益的民事判决书，能够对以后的涉及英雄烈士人格利益的民事侵权案件的审理活动具有法理乃至法律上的约束力。

1. 完善立法，为审判机关的审判活动提供直接的法律依据

建议国家立法机关根据《立法法》的有关规定，将四份涉及英雄烈士人格利益民事判决书中成功的、行之有效的法理观点上升为法律，将经得起检验的经验和做法升华为法律制度。目前，国家立法机关正在审议《网络安全法（草案）》，为彻底地、完整地实现维护社会公共利益以及保护公民、法人和其他组织合法权益的立法目的，建议在总则部分增加"不得利用网络从事伤害社会公众民族情感和历史情感的活动"的表述。

2. 指导司法，对审判机关的审判活动进行规范和提供指引

学界通说认为，我国系成文法国家，与英美法系的判例法国家不同的是，人民法院所作出的判例，既不具有创设立法的功能，对

上级、同级和下级人民法院的审理活动也没有必然的约束力，换句话说，人民法院在之前审判活动中所形成的判例，对后来的人民法院的案件审理活动并没有强制的约束力，即该判例并不具备英美法系国家"在先判例"的作用。但是，根据《宪法》"最高人民法院监督地方各级人民法院和专门人民法院的审判工作，上级人民法院监督下级人民法院的审判工作"的规定和《人民法院组织法》关于"下级人民法院的审判工作受上级人民法院监督"的规定，在长期的审判实践中，我国审判机关特别是最高人民法院已经创设出富有中国特色的案例指导制度。笔者认为，对于四份涉及英雄烈士人格利益民事判决书所形成的判决共识，可通过案例指导制度，对以后的涉及英雄烈士人格利益的民事侵权案件的审理产生法理乃至法律上的约束力，以能够更好地、一贯地以法治思维和法治方式特别是以诉讼方式保护英雄烈士人格利益。

其一，最高人民法院可将该四起涉及英雄烈士人格利益的民事侵权案件及其判决共识作为指导性案例进行发布。在我国审判实践中，指导性案例对各级地方人民法院具有非常显著的规范指引作用。最高人民法院往往能够通过各种信息披露形式展示指导性案例的处理模式和思路，有效地统一各级人民法院的裁判尺度。将该四起涉及英雄烈士人格利益的民事侵权案件及其判决共识作为指导性案例进行发布，借助指导性案例的业务指导意义，还可以起到宣传法制、预防纠纷的重要作用，对促进公正、统一司法、努力提升司法公信力和权威性也将大有裨益。

其二，各高级人民法院还可以将四起涉及英雄烈士人格利益的民事侵权案件及其判决共识作为参考性案例进行发布，并辅之以适当的法官培训，对下级人民法院审理涉及英雄烈士人格利益民事侵权案件的审理活动进行指导。

其三，各中级人民法院可以通过审理案件和总结审判经验、组织法官培训等形式，对基层人民法院审理涉及英雄烈士人格利益民事侵权案件的审判业务工作进行指导。

其四，鉴于《人民法院案例选》在促进应用法学研究、指导审判实践方面发挥了积极作用，并受社会各界的好评，因此，也可以将该四起涉及英雄烈士人格利益的民事侵权案件及其判决共识编入《人民法院案例选》，以更好地发挥这四份涉及英雄烈士人格利益民事判决书的规范指引作用。

四 试析侵害英雄烈士人格利益言论的法律性质

——基于"狼牙山五壮士"系列案件的法理思考

从 2015 年底至 2016 年中，北京市两级人民法院先后审理了四起涉及英雄烈士人格利益言论的与"狼牙山五壮士"英雄人物和英雄事迹有关的名誉权纠纷案件（以下简称"狼牙山五壮士"系列案件）并作出了四份涉及英雄烈士人格利益民事判决，它们分别是北京市海淀区人民法院审理的黄某、洪某某与郭某某名誉权纠纷一审案；北京市丰台区人民法院审理的黄某、洪某某与梅某某名誉权纠纷一审案；北京市第一中级人民法院审理的黄某、洪某某与郭某某名誉权纠纷二审案；北京市西城区人民法院审理的葛某某、宋某某与洪某某名誉权纠纷一审案。伴随着葛某某、宋某某与洪某某名誉权纠纷一审案的宣判，备受社会各界广泛关注的"狼牙山五壮士"系列案件至此告一段落。该系列案件的审理和判决，是在全面推进依法治国的宏大历史背景之下，以法治思维和法治方式保护英雄烈士人格利益的具体体现，具有积极的法律意义和社会意义。但这只是以法治思维和法治方式保护英雄烈士人格利益的开始，不难研判的是，在不久的将来乃至很长一段时间里，类似的案件还将会继续出现。因此，厘清涉及英雄烈士人格利益言论的名誉权纠纷案件当中的基本法理问题对于将来类似民事侵权案件的审理至关重要。而在所有涉及英雄烈士人格利益言论的名誉权纠纷案件的法理问题中，侵害英雄烈士人格利益言论的法律性质问题当是重中之重，它不仅关涉到侵害英雄烈士人格利益言论作出者的行为和反侵害英雄烈士人格利益言论作出者的行为各自是否构成侵权、是否侵犯他人的名誉权，更关涉到以法治思维和法治方式保护英雄烈士人格利益基本法理基础的构建。

一、各受诉法院对侵害英雄烈士人格利益言论法律性质的界定

北京市海淀区人民法院在判决黄某、洪某某与郭某某名誉权纠纷一审案时认为，侵害英雄烈士人格利益言论在"一定范围和一定程度上伤害了社会公众的民族和历史情感"，侵害英雄烈士人格利益言论的行为人"应当预见到"其言论"可能产生的评价、回应、批评乃至公众的反应"，因此，应当对此"负有较高的容忍义务"。① 北京市丰台区人民法院在判决黄某、洪某某与梅某某名誉权纠纷一审案时认为，侵害英雄烈士人格利益言论系一种"不当言论和评价"，它"将会伤害社会公众的民族情感，将会引发社会公众的批评，甚至较具情绪化的批评"，因此，作出侵害英雄烈士人格利益言论的行为人对此"应当有所预见"，并应当承担"较高"的"容忍义务"。② 北京市第一中级人民法院在审理黄某、洪某某

---

① 中国裁判文书网：http：//wenshu. court. gov. cn/content/content? DocID = d0480e9c - c2cc - 42ad - af9c - 539f0e55b33b&KeyWord = 洪某某，2016 年 7 月 23 日。

② 中国裁判文书网：http：//wenshu. court. gov. cn/content/content? DocID = d017320a - fa11 - 40c2 - 8440 - 39ff566d2963&KeyWord = 洪某某，2016 年 7 月 23 日。

与郭某某名誉权纠纷二审案时认为，侵害英雄烈士人格利益言论是对"社会公众的传统观念和主流价值观"的"挑战"，是对"社会公众的民族情感和历史情感"的"伤害"，因此，作出侵害英雄烈士人格利益言论的行为人对由其行为"而引发的公众的广泛批评甚至是激烈反应，应当负有更高的容忍义务"。① 北京市西城区人民法院主审葛某某、宋某某与洪某某名誉权纠纷一审案的法官认为，侵害英雄烈士人格利益言论不仅以贬损、丑化的方式损害了英雄烈士的名誉和荣誉权益，损害了英雄烈士近亲属的个人感情，构成了民事侵权，还"在一定范围和一定程度上伤害了社会公众的民族和历史情感"，更由于"狼牙山五壮士"的"精神价值已经内化为民族精神和社会公共利益的一部分"，因此，侵害英雄烈士人格利益言论"也损害了社会公共利益"，作出侵害英雄烈士人格利益言论的行为人应就此承担侵权损害的民事法律责任。②

由上可见，四受诉法院对侵害英雄烈士人格利益言论法律性质的观点虽有相同之处但却也旨趣有别：四受诉法院均认为侵害英雄烈士人格利益言论伤害了社会公众的历史情感和民族情感，但北京市海淀区人民法院和北京市第一中级人民法院并没有对侵害英雄烈士人格利益言论的法律性质进行界定，与此相反，北京市丰台区人民法院认为侵害英雄烈士人格利益言论系一种"不当言论和评价"；北京市西城区人民法院不仅认定侵害英雄烈士人格利益言论构成了民事侵权，是一种民事违法行为，还在侵害英雄烈士人格利益言论伤害社会公众的民族情感和历史情感以及社会公众的民族情感和历

---

① 中国裁判文书网，http：//wenshu. court. gov. cn/content/content？ DocID = 2b8e457c‐de61‐4c3b‐8eb2‐422619996231&KeyWord =洪某某，2016 年 7 月 23 日。

② 新华网：《狼牙山五壮士后人诉洪某某侵权案宣判专访》：http：//www. chinacourt. org/article/detail/2016/06/id/1999307. shtml，2016 年 7 月 23 日。

史情感系社会公共利益组成部分的基础上，认为侵害英雄烈士人格利益言论损害了社会的公共利益，从而在法律上界定了侵害英雄烈士人格利益言论的违法属性。

需要特别说明的是，比较四受诉法院对待侵害英雄烈士人格利益言论法律性质之态度时，还必须考虑到各受诉法院因案件审理范围的不同所受到的影响。北京市海淀区人民法院、北京市第一中级人民法院和北京市丰台区人民法院所受理的名誉权纠纷案件，提起诉讼的原告或上诉人为作出侵害英雄烈士人格利益言论的行为人，该三受诉法院所审理的对象或范围是反侵害英雄烈士人格利益的言论是否构成侵权，因此，该三受诉法院囿于案件审理范围的限制，不能够对侵害英雄烈士人格利益言论是否构成侵权进行认定，只能以作出侵害英雄烈士人格利益言论的行为人应否负有较高容忍义务；北京市西城区人民法院所受理的名誉权纠纷案件，提起诉讼的原告系保护英雄烈士人格利益的、认为英雄烈士名誉和荣誉权益受损的该英雄烈士的近亲属，该受诉法院则应审理完成认定侵害英雄烈士人格利益言论是否构成侵权的任务。可见，基于案件审理范围的不同，北京市西城区人民法院较其他三受诉法院，更应明确界定侵害英雄烈士人格利益言论的法律属性，这也是该受诉法院对待侵害英雄烈士人格利益言论法律属性之态度最为鲜明的法理原因所在。

尽管基于案件审理范围的不同，四受诉法院不能够在同一角度界定侵害英雄烈士人格利益言论的法律性质，但通过它们旨趣不同的判决态度依然可以看出它们之间的原则分歧：侵害英雄烈士人格利益言论是一种不宜在法律上评价其法律属性的行为，还是一种法律上的"不当"言论或评价，抑或是一种侵权的民事违法行为？这是截至目前涉及英雄烈士人格利益民事纠纷案件所提出的最为重要的一项理论难题。其实，这也是社会各界到目前为止对侵害英雄烈士人格利益行为法律性质最富代表性的三种观点。

二、对最富代表性的三种观点的
法理探究和评价

（一）侵害英雄烈士人格利益言论是一种不宜在法律上评价其性质的行为

北京市海淀区人民法院和北京市第一中级人民法院虽然都认为侵害英雄烈士人格利益言论伤害了社会公众的民族情感和历史情感，但由于我国现行法律并未对"社会公众的民族情感和历史情感"的法律地位作出明确的规定，致使该二受诉法院未能对侵害英雄烈士人格利益言论的性质给予法律意义上的界定；更进一步地，虽然该二受诉法院均据此认为作出侵害英雄烈士人格利益言论的行为人对社会公众的反应应负有较高的容忍义务，但却始终没有指明应负此种较高容忍义务的法律上的原因，即基于何种法律对侵害英雄烈士人格利益言论的评价。相反地，该二受诉法院作出侵害英雄烈士人格利益言论的行为人应负较高的容忍义务的认定，只是基于侵害英雄烈士人格利益言论伤害社会公众民族情感和历史情感这一非法律上的原因。其在法理逻辑上的破绽是显而易见的：由于侵害英雄烈士人格利益言论只是一种伤害社会公众民族情感和历史情感的行为，更由于法律并未明确伤害社会公众民族情感和历史情感的行为的法律性质，因此，应推定侵害英雄烈士人格利益言论是一种合法行为；既然侵害英雄烈士人格利益言论是一种合法行为，又怎么能够要求作出侵害英雄烈士人格利益言论的行为人应就自己的合法言论而去承担较高的容忍义务呢？

笔者认为，这种对侵害英雄烈士人格利益言论的未评价或不评价，其实也是一种评价，它所传递的信息或者社会公众所能作出的合理理解是，侵害英雄烈士人格利益言论是一种合法言论，至少是一种不宜在法律上评价其性质的行为。事实上，少数人所持有的侵害英雄烈士人格利益言论系"言论自由"的观点，其法理根基也正在于此。据此，可以得出结论说，受诉法院不对侵害英雄烈士人格利益言论的性质进行法律上的评价，便不足以对侵害英雄烈士人格利益言论的行为人施以较高的容忍义务；不确定侵害英雄烈士人格利益言论行为人的较高容忍义务，便容易引发反侵害英雄烈士人格利益言论构成对侵害英雄烈士人格利益行为人民事侵权的误解，容易引发侵害英雄烈士人格利益言论系公民行使言论自由权利的误解。

（二）侵害英雄烈士人格利益言论是一种"不当"的言论或评价

北京市丰台区人民法院认为涉案的侵害英雄烈士人格利益言论是一种"不当言论和评价"，探究"不当言论和评价"的法律意义为何，须以形成对"不当"的法律意义的准确理解为前提。在我国现行法律体系中，"不当"一词的使用并不罕见，它通常出现在民事法律规范和行政法律规范中。在民事法律规范中，使用"不当"的典型代表是"不当得利"。根据《民法通则》第九十二条的规定①和民法学界的通说，不当得利是指没有合法依据取得利益而使他人受损失的事实。作为引发债发生的一种法律事实，不当得利属于事件而不是行为，换言之，不当得利本质上是一种利益，与当事人的意志无关，受益人取得不当得利的主观状态如何，并不影响不当得利事实的成立。法律规定不当得利之债的目的，并不在于制裁

---

① 《民法通则》第九十二条规定："没有合法根据，取得不当利益，造成他人损失的，应当将取得的不当利益返还受损失的人。"

受益人的得利"行为",而在于纠正受益人"得利"这一不正常、不合理的现象,调整无法律原因的财产利益的变动。① 由此可以看出,以"不当得利"为典型代表的民事法律规范中的"不当",并不注重对行为的民事制裁,而着重对不合理社会现象的纠正,相应地,民事法律规范并未指明作为判断对象的行为的违法性,而是注意到该种行为所引发的后果为一种不正常、不合理的社会现象。因此,不当的行为仅仅是不合理的行为,并不是一种不合法的行为。

在行政法律规范中,"不当"一词的使用频率较民事法律规范而言更高,其中最富代表性和典型性的是《行政复议法》和《行政诉讼法》对"不当"行政行为的有关规定。根据《行政复议法》第二十八条的规定,明显不当的具体行政行为,与主要事实不清、证据不足的具体行政行为,与适用依据错误的具体行政行为,与违反法定程序的具体行政行为以及与超越或者滥用职权的行政行为不同,是一种独立的具体行政行为类型。根据《行政诉讼法》第七十条的规定,明显不当的行政行为,也与主要证据不足的行政行为,与适用法律、法规错误的行政行为,与违反法定程序的行政行为,与超越或滥用职权的行政行为不同,是一种独立的行政行为类型。由此可见,明显不当的行政行为,实际上是与违法的行政行为不同的一种行政行为,其并不构成违法,只是一种不符合合理行政和良好行政标准的行政行为。②

除民事和行政法律规范常有对"不当"的使用外,诉讼法律规范也偶见关于"不当"的规定,如《刑事诉讼法》第二百二十一条规定,上级人民检察院如果认为抗诉不当,可以向同级人民法院

---

① 魏振瀛:《民法》(第五版),北京大学出版社、高等教育出版社2013年版,第572页。

② 张锋振:《论不当行政行为救济途径》,《理论与改革》2014年第6期,第136页。

撤回抗诉，并且通知下级人民检察院。显而易见，这里的"不当"是指"不当"抗诉的依据或理由不成立，而并非指抗诉行为本身违法。

综合民事、行政和诉讼法律规范对"不当"的使用及其具体含义，我们可以得出结论说，"不当"固然是法律对当事人行为的一种判断，但判断的结果却并不是在"合法"和"违法"之间进行选择，而是表现出了第三种可能："不当"的行为是一种合法但却不合理的行为，易言之，"不当"的行为未达到违法的程度，因此不能给予违法的制裁；但同时它又是一种不合理的行为，因此是又一种应当予以纠正的行为。其之所以在合法前提之下发生不合理的情形并应当予以纠正，乃是因为不当的行为违背了法律的精神。民事法律规范中的"不当得利"，在于违背了无法律认可原因则利益不能发生变动的民法精神，行政法律规范中的明显不当的行政行为，在于违背了合理行政和良好行政的行政法精神。对法律精神的违背，正是不违法的不当行为之所以为不当的原因。

将侵害英雄烈士人格利益言论界定为"不当的言论和评价"，其含义也应作如此理解。诸多侵害英雄烈士人格利益的言论，其实并没有违反明确的法律规定，没有构成违法，因此不能给予法律上尤其是民法上的制裁；但这并不意味着侵害英雄烈士人格利益言论没有违反法律的规定便不应予以纠正，若侵害英雄烈士人格利益的言论违背了法律的精神，即使其并未构成违法，但也应成为法律上的不当行为，应当予以纠正，以此不致法律的精神遭受破坏。

遗憾的是，北京市丰台区人民法院并没有指明涉及侵害英雄烈士人格利益言论之所以构成"不当言论和评价"所违背的法律精神之所在，以至于留下因使用不具有法律意义的"社会公众的民族情感和历史情感"而受人以诟病的话柄。笔者认为，该案中的侵害英雄烈士人格利益言论之所以是"补偿言论和评价"，是因为试图质疑或颠覆"狼牙山五壮士"英雄人物和英雄事迹的言论与宪法的精神相违背。《宪法》"序言"规定，"一九四九年，以毛泽东主席为领袖的中国共产党领导中国各族人民，在经历了长期的艰难曲折的武装斗争和其他形式的斗争以后，终于推翻了帝国主义、封建主义和官僚资本主义的统治，取得了新民主主义革命的伟大胜利，建立了中华人民共和国"。

（三）侵害英雄烈士人格利益言论是一种侵权类型的民事违法行为

北京市西城区人民法院认为其所审理的侵害英雄烈士人格利益言论是一种民事侵权行为，作出该侵害英雄烈士人格利益言论的行为人应承担相应的民事法律责任。在实际生活中，侵害英雄烈士人格利益言论的确很可能构成民法上的侵权行为。侵害英雄烈士人格利益言论往往以否定的形式出现，表现为对历史上某些人物、事件和思想的否定；成为其否定对象的人物、事件或思想，当然并非普通意义上的人物、事件或思想，它们往往是中国革命、建设和改革开放过程中具有代表性和典型性的人物、事件或思想。在技术方案上，除直接否定英雄烈士之外，对事件和思想的否定也同样借助于对英雄烈士的否定。因此，从法律的角度观察，绝大部分的侵害英雄烈士人格利益言论往往以侮辱、诽谤、贬损、丑化或者违反社会公共利益、社会公德的其他方式，侵害英雄烈士的名誉和荣誉，英雄烈士的近亲属也因此遭受到精神痛苦。侵害英雄烈士人格利益言论之所以容易酿成名誉权荣誉权纠纷、精神赔偿案件的原因也正在于此。

当然，需要说明的是，认定侵害英雄烈士人格利益言论是否构成民事侵权行为，不能够脱离具体案件而独立进行，换言之，侵害英雄烈士人格利益言论作为一种侵权行为，只能存在于具体的民事案件当中，抽象地认定所有的侵害英雄烈士人格利益言论均系侵权行为的观点，违反了最基本的法理逻辑，也与以法治思维和法治方式保护英雄烈士人格利益的原则相悖。即使是在民事案件当中，认定侵害英雄烈士人格利益言论是否构成侵权，也应根据《侵权责任法》等法律、法规和司法解释的规定予以认定，不能够脱离具体案情仅仅给予抽象的界定。

认定侵害英雄烈士人格利益言论是一种侵权的民事违法行为，不仅依赖于具体案件的案情，更依赖于人民法院审判活动的启动。由于人民法院施行"不告不理"的司法原则，在英雄烈士近亲属未提起民事诉讼或英雄烈士没有近亲属的情形下，人民法院不能主动启动审判程序径直认定侵害英雄烈士人格利益言论系一种民事侵权行为。因此，在审判活动发动之前，尚不能由英雄烈士近亲属或其他没有法律上利害关系的公民、法人和其他组织单方面宣称未经法院审理认定的侵害英雄烈士人格利益言论已构成民事侵权。

三、对侵害英雄烈士人格利益言论 法律属性的正确界定

经由以上分析，对于历史虚无主义法律性质的判断，应具体区分两种情形分别予以对待：

第一，在具体案件中，须认定侵害英雄烈士人格利益言论是否构成侵权时，其符合侵权行为构成要件的，应认定是一种民事侵权的违法行为，作出侵害英雄烈士人格利益言论的行为人应依法承担相应的民事法律责任。

第二，在具体案件中，无须认定侵害英雄烈士人格利益言论是否构成侵权时，其违反法律精神和法律目的的，可认定其系一种不当言论或评价，作出侵害英雄烈士人格利益言论的行为人应对反历史虚无主义的言论承担较高的容忍义务。

五 四份涉及英雄烈士人格利益民事判决书的个别分歧及其改进

——二评四份涉及英雄烈士人格利益民事判决书

海淀判决书、丰台判决书、北京判决书、西城判决书存在诸多判决共识，但并非在所有问题上都取得了完全一致的共识，它们在个别问题上还存在着分歧。为总结经验、统一认识、改进方法，更好地以法治思维和法治方式保护英雄烈士的人格利益，笔者不揣浅薄，尝试对四份涉及英雄烈士人格利益行为的民事判决书之间的个别分歧进行梳理，特别是对消弭分歧的理论原理及司法对策作一简要探讨。

一、四份涉及英雄烈士人格利益民事判决书的判决分歧

这四份判决书共有四处分歧：

第一，海淀判决书和丰台判决书对试图质疑或颠覆"狼牙山五壮士"英雄事迹的行为的认识，较北京判决书走得更远，它们认为该种行为实质上构成了对中国共产党领导下的抗日民族统一战线历史地位和历史作用的再评价，但北京判决书对此未作明确的认定，因此它们之间的个别分歧之一是：试图质疑或颠覆"狼牙山五壮

士"英雄人物和英雄事迹的行为只是对"狼牙山五壮士"英雄人物和英雄事迹的质疑或颠覆，还是更进一步关涉到对中国共产党领导下的抗日民族统一战线的历史地位和历史作用的再评价？

第二，较海淀判决书和北京判决书而言，丰台判决书对试图质疑或颠覆"狼牙山五壮士"英雄人物和英雄事迹的行为作了具有法律意义的界定，即认定该种行为系一种"不当言论和评价"，同样地，西城判决书也对该种行为进行了法律上的界定，认为该种行为是一种民事侵权行为，而海淀判决书和北京判决书未对该种行为的性质作出法律意义或准法律意义上的界定。因此它们之间的个别分歧之二是：试图质疑或颠覆"狼牙山五壮士"英雄人物和英雄事迹的行为是一种"不当言论和评价"，还是一种民事侵权行为，抑或是一种不宜在法律上作出肯定或否定性评价的行为？

第三，北京判决书和西城判决书未将试图质疑或颠覆"狼牙山五壮士"英雄形象的行为明确地界定为是一种历史虚无主义思潮的表现，而丰台判决书和海淀判决书对该行为的社会性质作出了隶属侵害英雄烈士人格利益的行为的明确界定，因此它们之间的个别分歧之三是：试图质疑或颠覆"狼牙山五壮士"英雄人物和英雄事迹的行为是一种侵害英雄烈士人格利益的行为，还是一种不宜在法律上界定其社会性质的行为？

第四，海淀判决书、丰台判决书和北京判决书均认为试图质疑或颠覆"狼牙山五壮士"英雄人物和英雄事迹的行为伤害了已经形成共识的社会公众的民族情感和历史情感，而西城判决书则在此基础之上进一步将该种行为认定为是一种损害社会公共利益的行为，因此它们之间的个别分歧之四是：试图质疑或颠覆"狼牙山五壮士"英雄人物和英雄事迹的行为伤害了社会公众的民族情感和历史情感，还是同时构成了对社会公共利益的损害？或者说，社会公众的民族情感和历史情感是不是社会公共利益的一部分？

二、对四份判决书判决分歧的法理分析

1. 试图质疑或颠覆"狼牙山五壮士"英雄事迹的行为是否构成对中国共产党领导下的抗日民族统一战线历史地位和历史作用的再评价

笔者认为对于该问题，以法治思维和法治方式观察，实际上是民事诉讼中的举证、质证和认证问题，是通过采信证据的方式认定案件事实的证据问题。因此，应将当事人所发表的质疑或颠覆"狼牙山五壮士"英雄事迹的言论视为证据进行法理上的分析，并以此对其是否构成对中国共产党领导下的抗日民族统一战线历史地位和历史作用的再评价的事实进行认定。

从涉诉言论即 2013 年第 11 期《炎黄春秋》刊载的《"狼牙山五壮士"的细节分歧》（以下简称"《细节》"）文本本身来看，行为人撰写并发表《细节》的直接动因是对"沿用了几十年"的"狼牙山五壮士"著名故事的版本提出"质疑"，写作思路是所谓"依靠证据"揭示"真相"。通过对多项资料性证据的比较和考证分析，行为人得出结论说，当我们"深入'狼牙山五壮士'有关叙述的细节时，就发现上述人员在不同时间、不同场合下的陈述存在诸多相互矛盾之处。而对于同一件事，相互矛盾的描述可能都不是事实，也可能有一个符合事实，但不可能同时都符合事实。因此，对于'狼牙山五壮士'的真相，还有待历史学家的深入研究和探讨"。可见，行为人"依靠证据"确信"狼牙山五壮士""沿用了几十年"的版本并不符合事实"真相"。

需要特别注意的是，一方面，行为人向读者传递了诸多富有倾向性的信息，例如："狼牙山五壮士"可能并没有跳崖；即使借崖撤退，也可能并不是跳；他们作战并不勇敢；他们甚至还有兵痞习

气，等等。总之，行为人向读者传递出或者说公布了自己所得出的初步的事实真相："狼牙山五壮士"的故事很可能是虚假的。可见，行为人对"狼牙山五壮士"的形象进行了矮化处理，与"沿用了几十年"的"狼牙山五壮士"的传统版本形成了鲜明的对比。另一方面，行为人还不满足于自己所得出的初步"真相"，意味深长地说"对于'狼牙山五壮士'的真相，还有待历史学家的深入研究和探讨"。可见，行为人对"狼牙山五壮士"英雄故事的质疑，不再是"细节"的或者"局部"的质疑，而是试图进行整体性的"颠覆"，这就更加强化了读者对"狼牙山五壮士"英雄事迹真实性的疑惑。

但从民事诉讼证据规则的角度观察，在这三起涉及英雄烈士人格利益行为的侵权纠纷案件的审理过程中，原告（包括二审之中的上诉人）并没有认可自己的言论是在对中国共产党领导下的抗日民族统一战线历史地位和历史作用进行再评价，被告（包括二审之中的被上诉人）也没有举出证据证明原告（包括二审之中的上诉人）的言论构成了对中国共产党领导下的抗日民族统一战线历史地位和历史作用的再评价，因此，根据"谁主张、谁举证"的民事证据规则，受诉法院若没有其他证据的支持，在难以直接认定行为人否定中国共产党领导下的抗日民族统一战线历史地位和历史作用的情况下，不宜离开案情太远，径直推定试图质疑或颠覆"狼牙山五壮士"英雄事迹的行为构成了对中国共产党领导下的抗日民族统一战线历史地位和历史作用的再评价。

笔者认为在这种情况下，既要遵守民事证据的诉讼规则，又要能达到"以正视听"的审判效果，受诉法院一方面不应在无其他证据佐证的情况下对行为人作出其系对中国共产党领导下的抗日民族统一战线历史地位和历史作用的再评价的认定；另一方面为合理配置当事人之间的权利和义务（如作出侵害英雄烈士人格利益言论行为人所应负的较高容忍义务），须明确指出侵害英雄烈士人格利益言论的不当属性，受诉法院可以援引《宪法》"序言"中"一九四九年，以毛泽东主席为领袖的中国共产党领导中国各族人民，在经历了长期的艰难曲折的武装斗争和其他形式的斗争以后，终于推翻了帝国主义、封建主义和官僚资本主义的统治，取得了新民主主义革命的伟大胜利，建立了中华人民共和国"之规定，超越事实认定环节，转化为行为价值判断，从而较为翔实地申明中国共产党领导下的抗日民族统一战线的历史地位和历史作用，并特别指明中国共产党的中流砥柱作用是抗日战争取得胜利的关键。

2. 试图质疑或颠覆"狼牙山五壮士"英雄人物和英雄事迹的行为是一种不当言论和评价，还是一种民事侵权行为，抑或是一种不宜在法律上作出肯定或否定性评价的行为

笔者认为，就此应首先对"不当"和"不当言论"在法律上的内涵和外延进行准确的界定。在我国现行有效法律体系当中，法律、法规和规章以及司法解释均有使用"不当"的情形，在通常情形之下，"不当"与"违法"相并列使用，此时"违法"是指违反法律，"不当"则是指虽然没有违反法律但却不尽合理，即是指行为虽然没有直接违反法律的有关规定，但却不符合法律的目的和精神。基于此，"不当言论"的性质界定不难得出：它是指一种虽然不构成直接违法但却不合理的言论，即是一种虽然没有直接违反法律的有关规定但却不符合法律的精神和目的的言论。

基于现行法律对"不当"含义的通常使用，笔者认为，试图质疑或颠覆"狼牙山五壮士"英雄人物和英雄事迹的行为特别是其中矮化甚至丑化"狼牙山五壮士"的言论因没有直接违反有关法律的条款规定，故不宜直接认定该言论或评价为"不法言论和评价"；同时，基于《宪法》"序言"中的上述规定，该言论或行为显然不符合《宪法》的目的和精神，具有不当属性，因此，以"不当言

论和评价"界定质疑或颠覆"狼牙山五壮士"英雄人物和英雄事迹行为的法律性质堪称允当。当然,需要注意的是,认定质疑或颠覆"狼牙山五壮士"英雄人物和英雄事迹的行为属"不当言论和评价",是基于该行为未直接再评价中国共产党领导下的抗日民族统一战线历史地位和历史作用的前提之下的,若行为人的言论否定了中国共产党领导下的抗日民族统一战线历史地位和历史作用或以再评价之名行否定之实的,该言论和评价就不再是"不当言论和评价"了,而是一种典型的"不法的言论和评价"。

需要特别说明的是,丰台判决书将该种行为界定为"不当的言论和评价",与西城判决书将该种行为界定为民事侵权的违法行为之间并不矛盾,这是不同受诉法院审理不同案件因案情及其法律关系不同所导致的,是人民法院审理民事案件只能限于诉讼请求范围之内的审判原理所决定的。在西城判决书所裁判的案件中,原告以"狼牙山五壮士"近亲属的主体资格提起诉讼,主张其民事权益受到损害,因此,受诉法院须明确判断质疑或颠覆"狼牙山五壮士"英雄人物和英雄事迹的行为是否构成侵权,即被告的行为是否是一种民事侵权行为,以确定支持还是驳回原告的诉讼请求,其得出该种行为是一种民事侵权的违法行为并无不当。而在海淀判决书、丰台判决书和北京判决书所判决的案件中,原告与被告、上诉人与被上诉人之间的争议焦点并不在于质疑或颠覆"狼牙山五壮士"英雄人物和英雄事迹的行为是否构成侵权,而在于反对者的行为是否构成侵权,因此基于审理范围的限制,海淀判决书、丰台判决书和北京判决书只需要认定反对者的行为是否构成侵权即可,至于质疑或颠覆"狼牙山五壮士"英雄人物和英雄事迹的行为是否构成侵权则不在其案件审理范围之内。因此,在裁判质疑或颠覆"狼牙山五壮士"英雄人物和英雄事迹的行为是否构成侵权的西城判决书当中,该种行为是一种民事侵权的违法行为,而在其他三份判决书当中,由于缺少权利受损害人的诉讼主张，又由于该种行为具有违反《宪法》精神和目的的一定程度的不当属性，受诉法院就只能认定其属于一种"不当的言论和评价"了。

3. 试图质疑或颠覆"狼牙山五壮士"英雄形象的行为是一种侵害英雄烈士人格利益的行为，还是一种不宜在法律上界定其社会性质的行为

显然，"历史虚无主义"并非是一个严格的法律概念，只是理论界使用的一项理论术语。笔者认为，受诉法院作出的民事判决书若能够使用"历史虚无主义"的用语，必须同时满足以下三个方面的条件：第一，"历史虚无主义"必须是一项众所周知的事实，以保证判决书所称的"历史虚无主义"能够为社会公众所知悉；第二，"历史虚无主义"必须有相对确定的内涵和外延，从而能够将当事人的行为归类于其中；第三，判决书自身的逻辑自洽性要求判决书必须使用"历史虚无主义"的用语，以有利于准确认定案件事实，有利于合理配置当事人之间的权利和义务。

笔者认为，就这三起涉及英雄烈士人格利益行为的民事侵权纠纷案件而言，首先，历史虚无主义早已是社会公众普遍知悉的事实，即众所周知的事实，在社会公众的通常认知中，它明确地指向了一种实际存在着的社会思潮。对于"众所周知"的论据，既有网络媒体和平面媒体海量的各类信息，又有党和国家领导人公开讲话当中的具体指示，因此，在判决书当中使用"历史虚无主义"的用语，不应存在将判决书与社会公众相隔断的顾虑，判决书对"历史虚无主义"的提及，能够成功地指引社会公众形成对社会中某种事实或现象的对应。同时，这样还能够充分地证明，判决书所提及的"历史虚无主义"有充分的事实依据支持，是一种真实存在的社会思潮。其次，虽然我国理论界尚没有对"历史虚无主义"形成完全一致的定义，但基本上"历史虚无主义"的概念轮廓是清晰的，网

络媒体和平面媒体特别是党和国家领导人在使用它时的含义是大致相同的，并无实质性差异。它通常以"还原历史真相"为由，以丑化领袖人物或其他英雄人物的方式，否定中国共产党的历史和中华人民共和国的历史，进而达到否定中国共产党执政地位、否定社会主义制度和否定马克思主义指导地位的目的。最后，在本案中，由于反对质疑或颠覆"狼牙山五壮士"英雄形象行为的行为人反复主张说自己的行为是对"历史虚无主义"的一般意义上的反对，因此，判决书的确有必要提及、使用"历史虚无主义"一语，否则便无法认定试图质疑或颠覆"狼牙山五壮士"英雄形象的行为人的行为性质及其容忍义务，无法认定反对试图质疑或颠覆"狼牙山五壮士"英雄形象的行为人的行为性质及其注意义务。

故而，笔者认为有必要以"历史虚无主义"来界定试图质疑或颠覆"狼牙山五壮士"英雄形象的行为人的行为性质。

4. 试图质疑或颠覆"狼牙山五壮士"英雄人物和英雄事迹的行为伤害了社会公众的民族情感和历史情感，还是同时构成了对社会公共利益的损害？或者说，社会公众的民族情感和历史情感是不是社会公共利益的一种

海淀判决书、丰台判决书和北京判决书认定历史虚无主义的行为伤害了社会公众的民族情感和历史情感。随之带来的问题是，社会公众的民族情感和历史情感是不是一种受民法保护的合法权益。从《民法通则》的角度出发，社会公众的民族情感和历史情感并没有被明确规定为是一种"民事权益"；在法律没有涉及英雄烈士人格利益行为的规定时，侵害英雄烈士人格利益言论对国家政策的违反同样缺乏证据支持，并且该三份涉及英雄烈士人格利益的民事判决书对此也并未提及。由于该三份判决书只是抽象地指出侵害英雄烈士人格利益言论伤害的是社会公众的民族情感和历史情感，从而导致无法从法理的角度对侵害英雄烈士人格利益言论的法律属性进

行界定，最终减弱了判决书的司法说服力，使判决书保护英雄烈士人格利益的法治思维和法治方式的形象大打折扣。

笔者赞同西城判决书的观点，即侵害英雄烈士人格利益言论损害了社会公共利益，该种行为的法律属性应该是一种违背了民法上公序良俗的行为。民法上的公序良俗原则，是公共秩序和善良风俗的简称，是指国家和社会生存发展所必须具有的一般秩序和一般道德。其中的良俗或善良风俗，侧重于道德观念和道德风尚，其意义在于借助道德的法律化，要求民事主体所实施的民事行为不得与之相抵触，以维系国家和社会生存发展所应具有的一般道德。在我国的民事法律规范中，虽然没有明确地使用"公序良俗"的字样，但民法学界普遍认为，《民法通则》《物权法》和《合同法》中所规定的"社会公德"和"社会经济秩序"等，就是我国民法对公序良俗原则的确立。

历史虚无主义之所以应当予以反对，恰在其对党、国家和民族历史的"虚无"化，而党、国家和民族的历史是作为历史记忆存在于社会公众之中的，因此，历史虚无主义的"虚无"，其实质并不是对历史的"虚无"，而是对社会公众既有的历史记忆的清除，甚至是以他种历史记忆置换社会公众已有的历史记忆。最为重要的是，社会公众既有的共同的历史记忆，在实际社会生活中，不仅仅是一种内在于个体大脑中的记忆，更已经演化为客观存在的民族情感、社会情感和社会道德。

由于社会公众共同的历史记忆已经演化为民族情感、社会情感和社会道德，更由于此种民族情感、社会情感和社会道德的"虚无"化将致使国家和社会丧失生存和发展所必须具有的一般道德条件，因此，对社会公众共同历史记忆的"虚无"化，可视为对善良风俗原则的违背。也不难看出，将社会公众共同的历史记忆作为民法上的善良风俗对待，于法理畅通，于情理无阻。以民法上的善良风俗原则保护英雄烈士人格利益，便是以法治思维和法治方式保护英雄烈士人格利益的具体制度设计，至少是其中的具体制度设计之一。

当然，由于将社会公众共同历史记忆作为民法上的善良风俗对待，关涉到社会道德的法律化，是须审慎对待的重大课题，因此对其内涵和外延必须给予严格的界定。这是一个重大的问题，在本书中暂不作分析说明。

三、基本的结论

海淀判决书、丰台判决书、北京判决书和西城判决书以及它们所形成的判决共识，对以法治思维和法治方式在诉讼个案中保护英雄烈士人格利益作出了重要贡献，但其中判决分歧的存在，不利于未来以法治思维和法治方式特别是以个案诉讼方式对历史虚无主义的反对，更兼有消解已经形成的判决共识意义的消极作用。因此，消弭它们之间的分歧显得格外重要。笔者认为：

对于试图质疑或颠覆"狼牙山五壮士"英雄事迹的行为实质上是否构成对中国共产党领导下的抗日民族统一战线历史地位和历史作用再评价的问题，基于对民事诉讼证据规则的遵守，在试图质疑或颠覆"狼牙山五壮士"英雄形象的言论未直接再评价中国共产党领导下的抗日民族统一战线历史地位和历史作用的情形下，受诉法院难以对此作出直接认定，但为合理配置当事人之间的权利和义务，指明侵害英雄烈士人格利益言论的不当属性，受诉法院可援引《宪法》"序言"的有关规定，在判决书当中申明中国共产党领导下的抗日民族统一战线的历史地位和历史作用，特别是可以申明中国共产党的中流砥柱作用是抗日战争取得胜利的关键。

对于试图质疑或颠覆"狼牙山五壮士"英雄人物和英雄事迹的

行为是否是一种"不当言论和评价"的问题，虽然试图质疑或颠覆"狼牙山五壮士"英雄形象的言论并未直接违反法律、法规和规章相关条款，但基于《宪法》"序言"的有关规定，该言论已然与我国法律特别是宪法的精神和目的相悖，因此受诉法院将其定性为"不当言论和评价"并无不妥。若试图质疑或颠覆"狼牙山五壮士"英雄形象的言论直接否定了或再评价了中国共产党领导下的抗日民族统一战线的历史地位和历史作用，受诉法院应依照《宪法》"序言"的有关规定将其径直认定为"不法言论和评价"。当然，在有权利受损害人主张权利的时候，试图质疑或颠覆"狼牙山五壮士"英雄人物和英雄事迹的行为就是一种民事侵权的违法行为。

对于能否在法律文书中将试图质疑或颠覆"狼牙山五壮士"英雄形象的行为界定为一种侵害英雄烈士人格利益的行为的问题，既然历史虚无主义是一客观存在的社会思潮，社会公众对其又已形成通常的共识，涉诉当事人的容忍义务和注意义务的确定又依赖于涉诉言论历史虚无主义性质的认定，受诉法院应在判决书当中明确使用"历史虚无主义"的提法。

对于试图质疑或颠覆"狼牙山五壮士"英雄人物和英雄事迹的行为是伤害了社会公众的民族情感和历史情感的行为，还是一种损害社会公共利益的行为，鉴于社会公众的民族情感和历史情感是社会公共利益的一部分，因此该种行为是一种损害社会公共利益的行为，是一种违背了民法公序良俗原则的行为。

六　刍议以民事公益诉讼方式
保护英雄烈士人格利益
——三评四份涉及英雄烈士人格利益行为的
民事判决书

伴随着北京市两级人民法院对黄某、洪某某与郭某某名誉权纠纷案和黄某、洪某某与梅某某名誉权纠纷案，特别是葛某某、宋某某与洪某某名誉权纠纷案的审理，对历史虚无主义的反对，已经从学术争论的场域进入到司法诉讼的环节，昭显出以法治思维和法治方式保护英雄烈士人格利益的开始。既然还只是处于开始阶段，便必然会遭遇种种理论难题和实践瓶颈，而破解难题、打破瓶颈首先需要理论上的大胆创新。笔者认为，北京市两级人民法院所审理的涉及英雄烈士人格利益的四起民事侵权案件，特别是北京市西城区人民法院所审理的葛某某、宋某某与洪某某名誉权纠纷案件，它所遭遇的理论难题和实践瓶颈，是从案件本身出发而意义又远胜于案件本身的、以法治思维和法治方式保护英雄烈士人格利益终究要面对的一项理论和实践困难：若"狼牙山五壮士"没有后人或其后人不愿意提起诉讼的时候，又如何在法律上阻止丑化、矮化"狼牙山五壮士"英雄人物和英雄事迹的历史虚无主义的行为？或者在一般意义上说，尽管历史虚无主义的行为伤害了社会公众的民族情感和历史情感，尽管历史虚无主义的行为损害了社会的公共利益，但因缺少法律上的直接利害关系人，致使无法提起诉请人民法院判令停止侵害英雄烈士人格利益的行为的诉讼，或虽有法律上的直接利害关系人，但该利害关系人不愿提起诉请人民法院判令停止侵害英雄烈士人格利益的行为的诉讼，我们又该如何以法治思维和法治方式来保护英雄烈士人格利益？

笔者认为，为能更好地以法治思维和法治方式保护英雄烈士人格利益，更好地维护社会公众的民族情感和历史情感以及社会公共利益，建议立法机关创设保护英雄烈士人格利益的民事公益诉讼制度。

一、民事公益诉讼的基本特征
及其在我国的既有实践

顾名思义，公益诉讼是指维护公共利益的诉讼，具体而言，它是指有关国家机关、社会团体和公民个人，对违反法律、法规并侵犯国家利益、社会利益或不特定多数人的利益的行为，向法院提起诉讼，由法院依法追究其法律责任的诉讼活动。以诉讼对象为区分标准，公益诉讼可具体分类为民事公益诉讼和行政公益诉讼，前者是指对民事主体的民事违法行为提起的诉讼，后者是指对行政主体的行政违法行为提起的诉讼。公益诉讼制度起源于西方国家（一般认为美国是公益诉讼制度的创始国），大约在 20 世纪 80 年代被引介到我国，经由学术争论和实践探索，目前已经成为我国一项非常重要的诉讼法律制度。

（一）民事公益诉讼的基本特征

与刑事诉讼和行政诉讼相比较，特别是与一般民事诉讼相比较，民事公益诉讼通常具有以下三个方面的显著特征：

第一，民事公益诉讼以维护社会公共利益为目的，以实现公共利益最佳化为宗旨。一般民事诉讼往往旨在解决私人之间的民事纠纷，以维护私人的私益为目的。虽然一般民事诉讼的目的中也包含着维护社会公共利益的内容，但一般民事诉讼对社会公共利益的维护需借助于维护私人利益的方式因而在最终的意义上实现对公共利益的维护，因此，一般民事诉讼对公共利益的维护只是一种间接方式，其直接目的仍然是对个体私益的一种确认和保护。公益民事诉讼能够区别于一般民事诉讼最本质的特征便是对社会公共利益的一种直接保护，其诉讼请求所涉及的利益是不特定多数社会公众的共同利益。

第二，民事公益诉讼原告为与民事违法行为并不具有直接法律上利害关系的国家机关、社会团体或公民个人。在一般民事诉讼当中，作为最为基本的起诉条件，原告必须是与案件在法律上有直接利害关系的公民、法人和其他组织；若原告与案件没有法律上的直接利害关系，法院将认定原告的起诉行为不符合法定的起诉条件，并据之作出不予受理的裁定（当然，原告对裁定不服的，可以提起上诉）。而在民事公益诉讼中，作为起诉主体的原告的范围是极其广泛的，它不局限于民事权益遭受损害从而在法律上与案件具有直接利害关系的当事人，特定的国家机关、社会组织和公民个人均可以公共利益遭受侵害为由向法院提起民事诉讼，此时，提起诉讼的特定的国家机关、社会组织和公民个人所代表的是国家或者是社会公众。

第三，民事公益诉讼的判决效果往往具有社会性。在一般民事诉讼中，由于法院所裁判的诉争往往只关涉到双方当事人的私益，判决的结果局限于对双方当事人之间民事权利和义务的确定和保护，因此只对双方当事人具有法律约束力，它的判决效果也因此更多地表现在当事人范围之内，难以辐射到范围更广的社会领域。而在民事公益诉讼中，由于原告所试图维护的利益是社会共同利益，涉及不特定多数社会公众的共同的、普通的利益，因此，社会公共利益的公共性、集合性使得民事公益诉讼的判决结果具有了社会性的特征，它不仅对双方当事人产生法律上的约束力，更容易规范和引导社会公众的行为，更能够对公共政策产生影响。就时空角度观察，民事公益诉讼的判决效果不仅对当下产生影响，甚至对未来法律与政策的形成和完善发挥着极为重要的作用。

（二）民事公益诉讼在我国的既有实践

经由学术争论和实践探索，民事公益诉讼在我国已经从一种理论学说发展成一项法律制度，已经成为一种鲜活的法治实践活动。

2012 年修正、2013 年 1 月 1 日施行的《民事诉讼法》第五十五条规定，对污染环境、侵害众多消费者合法权益等损害社会公共利益的行为，法律规定的机关和有关组织可以向人民法院提起诉讼，自此，我国民事公益诉讼法律制度首先在环境和自然资源保护以及消费者权益保护领域得以正式确立。2013 年新修改、2014 年 3 月 15 日施行的《消费者权益保护法》第四十七条规定，对侵害众多消费者合法权益的行为，中国消费者协会以及在省、自治区、直辖市设立的消费者协会，可以向人民法院提起诉讼；紧接着，最高人民法院于 2013 年 12 月 23 日公布了《关于审理食品药品纠纷案件适用法律若干问题的规定》，该规定第十七条第二款规定人民法院在审理食品药品纠纷案件中，消费者协会依法提起公益诉讼的参照适用该规定。2014 年新修订、2015 年 1 月 1 日施行的《环境保护法》第五十八条规定，对污染环境、破坏生态、损害社会公共利益的行为，符合该法规定条件的社会组织可以向人民法院提起诉讼，于是，我国又一次以单行法的方式建立了环境民事公益诉讼制度。同时，为了保证人民法院正确审理环境民事公益诉讼和消费民事公益诉讼案件，最高人民法院又分别于 2015 年 1 月 6 日和 2016 年 5 月 1 日公布了《关于审理环境民事公益诉讼案件适用法律若干问题的解释》和《关于审理消费民事公益诉讼案件适用法律若干问题的解释》，环境民事公益诉讼和消费民事公益诉讼的制度设计愈加精致和完善。2015 年 1 月 30 日，最高人民法院公布了《关于适用〈中华人民共和国民事诉讼法〉的解释》，该解释设置专节对公益诉讼作出了规定。在此期间，特别值得一提的是，根据 2015 年 5 月 5 日中央全面深化改革领导小组第十二次会议审议通过的《检察机关提起公益诉讼改革试点方案》，全国人大常委会于 2015 年 7 月 1 日通过了《关于授权最高人民检察院在部分地区开展公益诉讼试点工作的决定》，该决定授权最高人民检察院在十三个省、自治区、直辖市内，在生态环境和资源保护、国有资产保护、国有土地使用权出让、食品药品安全等领域开展为期两年的提起公益诉讼的试点工作。自此，我国民事公益诉讼的范围被大大扩展了。

比较、综合我国既有的民事公益诉讼实践，可以发现目前该制度具有以下几个方面的特征：

第一，民事公益诉讼的目的是保护社会公共利益。在消费民事公益诉讼中，被诉的行为是经营者侵害众多不特定消费者合法权益或者具有危及消费者人身、财产安全危险等损害社会公共利益的行为；在环境民事公益诉讼中，被诉的行为是已经损坏社会公共利益或者具有损害社会公共利益重大风险的污染环境、破坏生态的行为；在检察机关提起的民事公益诉讼中，被诉的行为是污染生态环境、危害食品药品安全等侵害社会公共利益的行为。可见，民事公益诉讼中，被诉行为均具有侵害社会公共利益的属性，民事诉讼的直接目的在于实现对社会公共利益的保护。

第二，民事公益诉讼的原告是特定国家机关和社会组织，公民个人不能提起民事公益诉讼。在消费民事公益诉讼中，能够作为原告提起诉讼的只能是中国消费者协会以及在省、自治区、直辖市设立的消费者协会；在环境民事公益诉讼中，能够作为原告提起诉讼的只能是依照法律、法规的规定，在设区的市以上人民政府民政部门登记的社会团体、民办非企业单位以及基金会等社会组织；在检察机关提起的民事公益诉讼中，原告就是以"公益诉讼人"身份出现的各级检察机关。

第三，原告所维护的社会公共利益，必须与原告的宗旨或业务范围具有关联性。在消费公益诉讼中，作为原告的中国消费者协会以及在省、自治区、直辖市设立的消费者协会，它们是保护消费者合法权益的全国性和地方性社会团体，保护消费者合法权益是其重要宗旨；在环境公益诉讼中，作为原告的社会组织必须是专门从事环境保护公益活动的维护社会公共利益的社会组织；在检察机关提起的民事公益诉讼中，作为法律监督机关的检察机关，以"公益诉讼人"的国家机关的身份代表国家。

第四，民事公益诉讼案件一般由中级人民法院管辖第一审。公益诉讼案件应由侵权行为地或者被告住所地中级人民法院管辖。在消费公益诉讼中，经最高人民法院批准，高级人民法院可以根据本辖区实际情况，在辖区内确定部分中级人民法院受理第一审消费民事公益诉讼案件；在环境公益诉讼中，第一审案件由污染环境、破坏生态行为发生地、损害结果地或者被告住所地的中级以上人民法院管辖，中级人民法院认为确有必要的，可以在报请高级人民法院批准后，裁定将本院管辖的第一审环境民事公益诉讼案件交由基层人民法院管辖。经最高人民法院批准，高级人民法院可以根据本辖区环境和生态保护的实际情况，在辖区内确定中级人民法院受理第一审环境民事公益诉讼案件。

第五，原告负有提交被告的行为已经损害社会公共利益或者具有损害社会公共利益重大风险的初步证据材料的义务。在消费公益诉讼中，原告应当提交被告的行为侵害众多不特定消费者合法权益或者具有危及消费者人身、财产安全等损害社会公共利益的初步证据；在环境民事公益诉讼中，原告应当提交被告的行为已经损害社会公共利益或者具有损害社会公共利益重大风险的初步证明材料。

第六，特定国家机关和社会组织有权依法支持民事公益诉讼。在环境公益民事诉讼中，检察机关、负有环境保护监督管理职责的部门及其他机关、社会组织、企业事业单位依据民事诉讼法第十五条的规定，可以通过提供法律咨询、提交书面意见书、协助调查取证等方式支持社会组织依法提起环境民事公益诉讼；根据全国人大常委会《关于授权最高人民检察院在部分地区开展公益诉讼试点工作的决定》，在生态环境和资源保护、国有资产保护、国有土地使用权出让、食品药品安全等领域，检察机关在提起民事公益诉讼之前，应当依法支持法律规定的机关或有关组织向人民法院提起民事公益诉讼。

第七，当事人可以和解，人民法院可以调解。在民事公益诉讼中，根据《最高人民法院关于适用〈民事诉讼法〉的解释》第二百八十九条第二、三和四款的规定，当事人可以和解，人民法院可以调解。当事人达成和解或者调解协议后，人民法院应当将和解或者调解协议进行公告，公告期间不得少于三十日。公告期满后，人民法院经审查，和解或者调解协议不违反社会公共利益的，应当出具调解书；和解或者调解协议违反社会公共利益的，不予出具调解书，继续对案件进行审理并依法作出裁判。

第八，民事公益诉讼不影响一般民事诉讼的进行。人民法院受理民事公益诉讼案件，不影响同一侵权行为的受害人依法向人民法院提起的一般民事诉讼。在消费民事公益诉讼中，人民法院受理消费民事公益诉讼案件后，因同一侵权行为受到损害的消费者申请参加诉讼的，人民法院应当告知其根据民事诉讼法的规定另行提起一般民事诉讼；在环境民事公益诉讼中，法律规定的机关和社会组织提起环境民事公益诉讼的，不影响因同一污染环境、破坏生态行为受到人身、财产损害的公民、法人和其他组织依照民事诉讼法提起的一般民事诉讼。

第九，民事公益诉讼不得牟取经济利益。特定国家机关和社会组织提起民事公益诉讼不得以牟取经济利益为目的。在消费民事公益诉讼中，原告及其代理人对侵权行为进行调查、取证的合理费用、鉴定费用、合理的律师代理费用，人民法院可以根据实际情况予以相应支持；在环境民事公益诉讼中，社会组织有通过诉讼违法收受财物等牟取经济利益行为的，人民法院可以根据情节轻重依法收缴其非法所得、予以罚款；涉嫌犯罪的，依法移送有关机关处理。同时，对于通过诉讼牟取经济利益的社会组织，人民法院应当向登记机关或者有关机关发送司法建议，由其依法处理。

二、以民事公益诉讼方式保护英雄烈士人格利益的必要性和可行性

笔者认为，以民事公益诉讼的方式保护英雄烈士人格利益，既有必要，又为可行，前者契合全面推进依法治国宏大背景下法治思维和法治方式的体现和运用，后者得益于民事公益诉讼的基本原理和其在我国既有的实践经验。

（一）民事公益诉讼对社会公共利益的维护，能够预防侵害英雄烈士人格利益的行为损害社会公共利益

民事公益诉讼之所以冠以"公益"之名，在于其注重以诉讼的方式维护社会的公共利益，而侵害英雄烈士人格利益行为的危害，恰恰是构成了对社会公共利益的侵害。侵害通常是以否定的形式出

现，表现为对历史上某些人物、事件和思想的否定；成为其否定对象的人物、事件或思想，当然并非普通意义上的人物、事件或思想，它们往往是中国革命、建设和改革开放过程中具有代表性和典型性的人物、事件或思想。对它们的否定，不仅仅是直接否定了它们自身，同时还间接地否定了它们所代表、所体现的中国革命、建设和改革开放的历史；更由于中国革命、建设和改革开放的历史是一部中国共产党领导全国各族人民创立、发展和完善社会主义制度的历史，侵害英雄烈士人格利益言论所意欲否定的对象，便包括了中国共产党的领导和社会主义制度。

问题的关键在于，这些能够代表、体现中国革命、建设和改革开放历史的人物、事件或思想，中国共产党带领全国各族人民创立、发展和完善社会主义制度的历史，作为共同的历史记忆，作为普遍的社会共识，已经演化成了社会公众的民族情感和历史情感。因此，侵害英雄烈士人格利益言论所作出的否定性言论或行为，往往形成了对社会公众普遍民族情感和历史情感的伤害，基于民法上公序良俗原则的要求，社会公众普遍的民族情感和历史情感系社会公共利益的组成部分，于是，侵害英雄烈士人格利益的言论或行为，由于伤害了作为社会公共利益的社会公众普遍的民族情感和历史情感，构成了民法上的一种侵权行为类型。

启动民事公益诉讼，以诉讼的方式维护被侵害英雄烈士人格利益言论或行为所侵害的社会公共利益，受理起诉的人民法院将会以判令侵害英雄烈士人格利益的行为人承担民事侵权责任的方式维护社会的公共利益。否定侵害英雄烈士人格利益的否定性言论或行为的民事判决，对于社会公共利益的维护，不仅仅在于对侵害英雄烈士人格利益行为人的民事制裁，更在于借助民事判决的预防功能实现维护社会公共利益的目的。这里的预防功能具有双方面的含义：对于案件中的侵害英雄烈士人格利益的行为人，通过判令其对侵权民事责任的承担，使其不能再一次实施侵害英雄烈士人格利益的言论或行为，这可以称为特殊预防；对于案件外的潜在的其他侵害英雄烈士人格利益的行为人，通过案件中侵害英雄烈士人格利益行为人对其侵权民事责任的承担，使他们不能作出侵害英雄烈士人格利益的言论或行为，这可以称为一般预防。民事公益诉讼正是借助诉讼判决的特殊预防和一般预防，有效地维护了侵害英雄烈士人格利益的行为同时所侵害的社会公共利益。

（二）民事公益诉讼对英雄烈士人格利益的保护，能够填补无人主张权利的空白

显而易见的是，对于侵害社会公共利益的侵害英雄烈士人格利益的言论或行为，一方面，由于受到侵害的是社会的公共利益，受"公地悲剧"的作用，往往无人愿意向侵害英雄烈士人格利益的行为人主张权利；另一方面，由于侵害英雄烈士人格利益行为所"侵害"的对象是历史，遭其否定的英雄烈士（包括被直接否定的英雄烈士，也包括由于相关事件或思想被否定从而间接被否定的英雄烈士）常因年代久远或其他原因，致使其或者没有后人，或者难以确定其后人。根据最高人民法院《关于确定民事侵权精神损害赔偿责任若干问题的解释》第三条的规定，自然人死亡后，因以侮辱、诽谤、贬损、丑化或者违反社会公共利益、社会公德的其他方式，侵害死者姓名、肖像、名誉、荣誉的，只有其近亲属有权就其遭受的精神痛苦向人民法院提起诉讼，其近亲属之外的其他公民、法人和社会组织无权向人民法院提起诉讼。可见，当侵害英雄烈士人格利益的行为人以侮辱、诽谤、贬损、丑化或者违反社会公共利益、社会公德的其他方式，侵害英雄烈士的名誉和荣誉时，在该英雄烈士没有近亲属或者其近亲属不愿提起诉讼时，对侵害英雄烈士人格利益的侵权行为，将处于无人主张权利的状态。由于人民法院奉行

"不告不理"的司法原则，此种无人主张权利状态的长期存在，势必造成侵害英雄烈士人格利益言论或行为民事法律责任的真空，侵害英雄烈士人格利益之风若因此长期处于"脱法"状态，其愈演愈烈将不可避免。

启动保护英雄烈士人格利益的民事公益诉讼，允许特定国家机关和社会组织在符合法定条件的前提下，对侵害英雄烈士人格利益的行为人提起民事侵权之诉，在有关英雄烈士的近亲属提起诉讼的时候，民事公益诉讼将与之相互配合、相得益彰；在有关英雄烈士没有近亲属或其近亲属不愿提起诉讼的时候，民事公益诉讼的提起将有效避免出现侵害英雄烈士人格利益的行为人民事法律责任的真空情形，这对遏制历史虚无主义将大有裨益。

（三）以民事公益诉讼方式保护英雄烈士人格利益，是以法治思维和法治方式保护英雄烈士人格利益的具体体现

党的十八届四中全会提出了建设中国特色社会主义法治体系和建设社会主义法治国家的全面推进及依法治国的总目标，要实现这一总目标，必须要增强全民法治观念，推进法治社会建设。法律的权威源自人民的内心拥护和真诚信仰，人民权益要靠法律保障，法律权威要靠人民维护，因此，在深入开展法治宣传教育的时候，应引导全民自觉守法、遇事找法、解决问题靠法，换言之，深入开展法治宣传教育的目的是要培养全民形成法治思维并以法治方式解决所遇到的问题，维护受到侵害的合法权益。在保护英雄烈士人格利益的过程中，理论领域的释疑解惑自然不可或缺且十分重要，但在全面推进依法治国的宏大背景下，运用法治思维和法治方式保护英雄烈士人格利益具有更加富有时代色彩的积极意义：一方面，认为个人私益或者社会公共利益受到侵害者，均应在法治方式之内、在法治轨道之上主张权利，从而构建有秩序的社会主义权利救济体

系；另一方面，使社会公众意识到，侵害英雄烈士人格利益的行为及对它的反对，不仅是一种道德现象、理论现象和政治现象，更是一种法律现象，这对社会主义法治意识的培养无疑具有强大的助推作用。实际上，若能运用法治思维和法治方式保护英雄烈士人格利益，视觉效果将更好，辨识力度将更大，说服面积将更广，更兼有正本清源的实质作用。创设保护英雄烈士人格利益的民事公益诉讼制度，是法治思维和法治方式在理论探争领域的延伸，是对容易出现无人主张权利的社会公共利益给予司法救济的一种制度设计，是以法治思维和法治方式保护英雄烈士人格利益的具体体现。

三、创设保护英雄烈士人格利益民事公益诉讼制度的具体建议

基于以上，建议全国人大常委会和最高人民法院修改完善有关法律和司法解释，创设保护英雄烈士人格利益民事公益诉讼制度，并具体明确：

（1）以侮辱、诽谤、贬损、丑化等方式侵害英雄烈士的名誉、荣誉，从而损害社会公共利益的，法律规定的国家机关和社会组织可以向人民法院提起民事公益诉讼。

（2）提起该民事公益诉讼的社会组织，其章程确定的宗旨和主要业务范围应是维护社会公共利益且从事历史学术研究活动。

（3）该民事公益诉讼应由中级人民法院管辖，各高级人民法院可以根据本地实际情况，确定审理该民事公益诉讼的中级人民法院，中级人民法院指定由基层人民法院审理的，应取得高级人民法院的同意。

（4）提起该民事公益诉讼的社会组织，应当向人民法院提交被告的行为已经损害社会公共利益或者具有损害社会公共利益重大风

险的初步证据材料。

（5）因同一侵权行为，法律规定的国家机关或社会组织已提起民事公益诉讼的，不影响英雄烈士的近亲属就其因该侵权行为所受损害而提起的民事诉讼。

（6）该民事公益诉讼，当事人可以和解，人民法院可以调解。当事人达成和解或者调解协议后，人民法院应当将和解或者调解协议进行公告，公告期间不得少于三十日。公告期满后，人民法院经审查，和解或者调解协议不违反社会公共利益的，应当出具调解书；和解或者调解协议违反社会公共利益的，不予出具调解书，继续对案件进行审理并依法作出裁判。

（7）特定国家机关和社会组织有权以提供咨询、提交书面法律意见书、协助调查取证等方式依法支持该民事公益诉讼。

（8）提起该民事公益诉讼的社会组织不得借诉讼牟取经济利益。

七 侵害英雄烈士人格利益
言论侵权的行为特征
——四评"狼牙山五壮士"系列民事判决

　　截至 2016 年 8 月 15 日，除北京市丰台区、海淀区人民法院和北京市第一中级人民法院先后对黄某、洪某某与梅某某名誉权纠纷案和黄某、洪某某与郭某某名誉权纠纷案进行审理并作出一审或二审判决外，北京市西城区人民法院和北京市第二中级人民法院亦先后对葛某某与洪某某名誉权、荣誉权纠纷案和宋某某与洪某某名誉权、荣誉权纠纷案进行了审理并作出了一审和二审判决，于此，北京市两级人民法院已先后累计作出了七份涉及英雄烈士人格利益言论的有关"狼牙山五壮士"英雄人物和英雄事迹的民事判决，其中，四份一审民事判决，三份二审民事判决。比较这七份涉及英雄烈士人格利益言论的"狼牙山五壮士"系列民事判决，我们不难提炼出侵害英雄烈士人格利益言论侵权的共同的行为特征，这对总结审判经验、加深对侵害英雄烈士人格利益言论侵权行为特征的认识、更好地以法治思维和法治方式保护英雄烈士人格利益将大有裨益。

一、侵害英雄烈士人格利益言论是
一种一般型侵权行为

　　大陆法系国家通常将侵权行为区分为一般型侵权行为和特殊型
侵权行为。一般型侵权行为是指行为人基于自己的过错而实施的、
适用过错责任原则和侵权责任的一般构成要件的侵权行为；特殊型
侵权行为是指欠缺侵权责任的一般构成要件、适用过错推定原则和
无过错原则的侵权行为。① 将侵权行为区分为一般型和特殊型两种
类型的意义在于，上述不同类型的侵权行为的归责原则并不相同。
在认定一般型侵权行为时，应以行为人是否具有过错为要件；但在
认定特殊型侵权行为时，或者不以行为人是否具有过错为要件，或
者采用推定行为人有过错而行为人不能证明自己没有过错的方式予
以认定。根据《侵权责任法》的规定，特殊型侵权行为应以法律有
明确规定为准，法律未明确规定为特殊型侵权行为的，应适用一般
型侵权行为的归责原则。鉴于侵害英雄烈士人格利益言论通常表现
为侵害他人名誉权益和荣誉权益的行为，在法律上并未明确规定其
为特殊型侵权行为时，侵害英雄烈士人格利益言论是否构成侵权应
归类于一般型侵权行为进行认定。换言之，应以作出侵害英雄烈士
人格利益言论的行为人是否具有过错为认定要件。而根据意志因素
和认识因素，过错又可以具体区分为故意和过失两种情形。故意是
指行为人预见到了自己的行为可能产生的损害后果，仍希望或放任
该损害后果发生的心理状态；过失是指行为人对其行为可能发生的
不良后果应当预见或能够预见而因为疏忽没有预见，或者虽已预见
但因轻信能够避免，以致造成损害后果的心理状态。所以，认定侵

---

① 杨立新：《侵权责任法》，复旦大学出版社 2010 年版，第 20 页。

害英雄烈士人格利益言论是否构成侵权，须以发表侵害英雄烈士人格利益言论的行为人是否具有故意或过失为构成要件。

在"狼牙山五壮士"系列案件中，受诉法院均将侵害他人名誉权的侵害英雄烈士人格利益言论视为一般型侵权行为，均对行为人的过错进行了查明和认定。北京市西城区人民法院在审理葛某某与洪某某名誉权纠纷案中裁判洪某某的行为是否构成侵权时，认定"洪某某在主观方面存在过错"。因为在"通常情形下，侵害名誉或者名誉权案件中的过错，是指明知或者应当预见到其行为造成他人社会评价降低的后果仍然为之或认为仍可避免的主观状态。在侵害名誉或者名誉权益的案件中，对行为人主观过错的认定往往依据通常人的认知并辅之以社会常识、行为人的职业或专业及控制危险的成本等客观因素加以判断"。而"洪某某作为生活在中国的一位公民，对'狼牙山五壮士'的历史事件所蕴含的精神价值，应当具有一般公民所拥有的认知。对'狼牙山五壮士'及其所体现的民族精神和民族情感，应当具有通常成年人所具有的体悟。尤其是作为具有一定研究能力和能够熟练使用互联网工具的人，更应认识到涉案文章的发表及其传播将会损害到'狼牙山五壮士'的名誉及荣誉，也会对其近亲属造成感情和精神上的伤害，更会损害到社会公共利益。在此情形下，洪某某有能力控制文章所可能产生的损害后果而未控制，仍以既有的状态发表，在主观上显然具有过错"。在该案的二审中，北京市第二中级人民法院以洪某某的自认证明为依据，认定"洪某某撰写文章确有贬低葛振林的主观目的"，他明知自己的行为"会造成他人社会评价的降低的后果而仍然为之，其主观过错明显"。北京市西城区人民法院和北京市第二中级人民法院在审理宋某某与洪某某名誉权纠纷案一审和二审时，也同样作出了洪某某具有主观过错的裁判。可见，在该两案中，发表侵害英雄烈士人格利益言论的行为人负有过错，就其对损害结果的积极追求而言，当是过错当中的故意。

在黄某、洪某某与郭某某名誉权纠纷案一审和二审以及黄某、洪某某与梅某某名誉权纠纷案一审中，北京市海淀区人民法院、丰台区人民法院和北京市第一中级人民法院虽然囿于案件审理范围的限制，没有就侵害英雄烈士人格利益言论是否构成侵权进行认定，但为确定保护英雄烈士人格利益言论的批评意见是否超出必要的限度，也对发表侵害英雄烈士人格利益言论的行为人的心理状态进行了查明。三受诉法院均认为，黄某和洪某某"应当预见到该文所可能产生的评价、回应、批评乃至公众的反应，并因此对后者负有较高的容忍义务"。因此，在该两案中，发表侵害英雄烈士人格利益言论的行为人对自己行为的后果应有相应的认知，虽然同样囿于案件审理范围的限制，受诉法院不便就其为故意或过失明确予以说明，但就他们借助"一个具体英雄事迹细节的探究"试图"再评价"抗战史尤其"中国共产党领导下的抗日民族统一战线的历史地位和历史作用"而言，受诉法院认定其系故意当属无疑。

侵害英雄烈士人格利益言论之所以是一种一般型侵权行为并以过错为构成要件，源自于侵害英雄烈士人格利益行为自身的本质特征。就表现形式而言，侵害英雄烈士人格利益的行为通常是以否定的形式出现，它往往表现为对英雄烈士、事件和思想的否定，但否定的形式只是它的现象，它的本质是煽动否定中国共产党的领导和社会主义的基本制度。基于这一本质，发表侵害英雄烈士人格利益言论的行为人常常明知自己的行为将会发生损害他人合法权益甚至将会发生损害社会公共利益的后果，却积极追求或放任这一结果的发生。换言之，在侵权行为法的视角上，侵害英雄烈士人格利益行为的本质特征恰恰就在于发表侵害英雄烈士人格利益言论的行为人的主观心理状态，构成了其所实施的侵权行为的过错。

二、侵害英雄烈士人格利益言论是
一种作为型侵权行为

根据侵权行为的外观状态，可以将侵权行为区分为作为型侵权行为与不作为型侵权行为。作为型侵权行为是指以行为外观易被识破的积极举动侵权他人合法权益的行为，又称为积极型侵权行为，它的特点是行为人主动实施违法行为，侵害对方当事人的人身权和财产权。① 不作为型侵权行为是指以消极的静态举止侵害他人合法权益的行为，又称为消极型侵权行为，不作为型侵权行为表现为未履行必要的义务特殊侵权行为，如动物、建筑物、污染环境、制造通行危险、产品瑕疵和高险作业等侵权行为。② 将侵权行为区分为作为型和不作为型两种类型的意义在于，上述不同类型的侵权行为所违反的义务是不同的，因此所表现出的具体形态也是不同的。作为型侵权行为违反了"不作为"的义务，其违法性在于"应不为而为"；不作为型侵权行为违反"作为"的义务，其违法性在于"应为而不为"。因为作为型侵权行为系"应不为而为"的"为"，所以它通常表现为积极的动作；因为不作为型侵权行为系"应为而不为"的"不为"，所以它通常表现为消极的不动作。根据《民法通则》《侵权责任法》和有关司法解释的规定，民事主体行使民事权利、进行民事活动，应当遵守法律，尊重社会公德，不得损害社会公共利益，不得侵害他人的人身、财产和国家、集体的财产，这便是民事主体所负有的"不作为"义务。侵害英雄烈士人格利益言

---

① 杨立新：《侵权责任法》，复旦大学出版社 2010 年版，第 22 页。
② 张俊浩：《民法学原理》（修订版），中国政法大学出版社 1997 年版，第834 页。

论之所以被认定构成侵权，便是行为人违反了不得侵害他人名誉权益和荣誉权益的不作为义务，从而实施了侵害他人名誉权益和荣誉权益的侵权行为。

在"狼牙山五壮士"系列案件中，受诉法院均将侵害他人名誉权的侵害英雄烈士人格利益言论视为作为型侵权行为，均对行为人的侵权事实进行了查明和认定。北京市西城区人民法院在审理葛某某与洪某某名誉权纠纷案中裁判洪某某的行为是否构成侵权时，认定受侵害的权益应受法律的保护。根据《民法通则》《侵权责任法》和《最高人民法院关于确定民事侵权精神损害赔偿若干问题的解释》的规定，"我国现行法关于侵权的客体范围包括了权利和利益"；"自然人死亡后，他人仍不得以侮辱、诽谤、贬损、丑化或者违反社会公共利益、社会公德的方式，侵害死者的姓名、肖像、名誉、荣誉"。因此，自然人死亡后，"其生前人格利益仍受法律保护"。换言之，虽然葛某某之父、"狼牙山五壮士"之一的葛振林已经逝世，但他作为自然人在生前所享有的人格利益仍受保护，不因他已去世而受影响，其他人在葛振林去世以后，仍然负有不得侵害他的生前人格利益的义务。对此义务的违反，将构成侵权行为，应承担侵权责任。洪某某的行为之所以构成侵权，就在于违反了不得侵害已去世的"狼牙山五壮士"之一葛振林的生前人格利益的义务。在该案的二审中，北京市第二中级人民法院对洪某某"侵害了葛振林的名誉和荣誉"，"违反了法律规定"的侵权事实进行了确认。北京市西城区人民法院和北京市第二中级人民法院在审理宋某某与洪某某名誉权纠纷案一审和二审时，也同样作出了洪某某违反法律规定、侵害已去世的"狼牙山五壮士"之一宋学义的名誉和荣誉的裁判。可见，在该两案中，发表侵害英雄烈士人格利益言论的行为人负有不得侵害已去世的英雄烈士名誉权益和荣誉权益的义务并因违反该义务而构成侵权从而应当承担侵权责任。

在黄某、洪某某与郭某某名誉权纠纷案一审和二审以及黄某、洪某某与梅某某名誉权纠纷案一审中，北京市海淀区人民法院、丰台区人民法院和北京市第一中级人民法院虽然囿于案件审理范围的限制，没有就已去世的"狼牙山五壮士"中的葛振林、宋学义的人格利益是否仍受法律保护以及他人是否应负有不得损害其生前人格利益的义务进行确认，但为了说明发表侵害英雄烈士人格利益言论的行为人应对社会公众的回应、批评乃至激烈批评负有较高的容忍义务，三受诉法院均认为涉案的侵害英雄烈士人格利益言论侵害了"社会公众的民族情感和历史情感"。虽然三受诉法院基于案件审理范围不能够直接对侵害英雄烈士人格利益言论是否构成侵权作出直接认定，但在其认定侵害英雄烈士人格利益言论已然侵害"社会公众的民族情感和历史情感"的情形下，以"举重以明轻"的法律逻辑推理，"狼牙山五壮士"生前的人格利益已受侵犯也就成为不难得出的结论了。

侵害英雄烈士人格利益言论之所以是一种作为型侵权行为并以违反不作为义务、积极实施侵权行为为表现形态，与其所选取的否定对象有关。为达到虚无历史的目的，历史虚无主义常常选取历史上的特定人物作为否定对象：或者是直接对该英雄烈士进行否定，或者是在否定历史事件和思想的过程中间接地否定英雄烈士。英雄烈士虽然已是历史上的人物，虽然大多已经离世，但根据法律和司法解释的规定，其生前的人格利益仍然受法律保护。因此，当侵害英雄烈士人格利益言论直接或间接否定英雄烈士时，作出该言论的行为人便违反了不得侵犯英雄烈士人格利益的不作为义务，于是构成侵权并承担侵权责任。

三、侵害英雄烈士人格利益言论是
一种人身型侵权行为

　　根据侵权行为的侵害对象，可以将侵权行为区分为财产型侵权行为和人身型侵权行为。财产型侵权行为是指侵害他人财产权益的侵权行为；人身型侵权行为是指侵害他人人身权益的侵权行为。将侵权行为区分为财产型和人身型两种类型的意义在于，上述侵权行为的对象不同，侵权行为人所承担的侵权责任也有着相应的不同。侵害财产权益的，大多需要承担赔偿损失、返还财产、恢复原状等财产性的侵权责任；侵害人身权益的，大多需要承担赔礼道歉、消除影响、恢复名誉等非财产性的侵权责任。根据《民法通则》《侵权责任法》和有关司法解释的规定，受法律保护的民事权益大致包括财产权益和人身权益两种，前者有所有权、用益物权、担保物权、知识产权、股权等；后者又可以具体区分为人格权益和身份权益两类，其中，人格权益包括生命权、健康权、名誉权、荣誉权等，身份权益包括监护权等。所以，认定侵害英雄烈士人格利益言论是否构成侵权，应明确其具体的侵害对象，并在此基础之上，结合当事人的诉讼请求和法律的规定，确定发表侵害英雄烈士人格利益言论的行为人应承担何种侵权责任。

　　在"狼牙山五壮士"系列案件中，受诉法院均认定受到侵害英雄烈士人格利益言论侵害的对象是自然人的名誉权益和荣誉权益，并在此基础上对侵权行为人判定了非财产性的侵权责任。北京市西城区人民法院在审理葛某某与洪某某名誉权纠纷案中裁判洪某某的行为是否构成侵权时，认定洪某某的行为降低了"狼牙山五壮士"的"英勇形象和精神价值"，"符合以贬损、丑化的方式损害他人名誉和荣誉权益的特征"，不仅"损害了葛某某之父葛振林的名誉及荣誉，而且伤害了葛某某的个人情感，在一定范围和一定程度上伤害了社会公众的民族和历史情感"。基于此，判决洪某某承担停止侵权、赔礼道歉的侵权责任。在该案的二审中，北京市第二中级人民法院也认为洪某某的行为"不仅对'狼牙山五壮士'的名誉和荣誉构成侵害，同时构成了对英雄人物的名誉、荣誉所融入的社会公共利益的侵害"，并据此维持了原审判决。可见，在该两案中，发表侵害英雄烈士人格利益言论的行为人所实施侵权行为的对象并非他人的财产权益，而是他人的人身权益当中的名誉权益和荣誉权益，受害人所受损害也并非物质损害，而是一种精神损害，故而判令发表侵害英雄烈士人格利益言论的行为人承担停止侵害、赔礼道歉的非财产型责任。

在黄某、洪某某与郭某某名誉权纠纷案一审和二审以及黄某、洪某某与梅某某名誉权纠纷案一审中，北京市海淀区人民法院、丰台区人民法院和北京市第一中级人民法院虽然基于当事人诉讼请求的限制没有认定发表侵害英雄烈士人格利益言论的行为人是否侵犯了他人的名誉权益和荣誉权益，但却认定保护英雄烈士人格利益言论的行为"既是出于维护'狼牙山五壮士'英雄形象的主观目的"，也是对"社会共识、民族情感的表达"，"符合我国社会的主流价值观"。因此，也可推理出保护英雄烈士人格利益言论的行为人所力图维护、保护的权益是一种人身权益中的名誉权益和荣誉权益，而不是一种财产权益。

侵害英雄烈士人格利益言论之所以是一种人身型的侵权行为并以他人的名誉权益和荣誉权益为侵害对象，与其所采用的否定方法有关。为达到否定或虚无历史的目的，发表侵害英雄烈士人格利益言论的行为人对英雄烈士往往会采取侮辱、诽谤、贬损、丑化或者违反社会公共利益、社会公德的其他方式等多种方式，侵害英雄烈士的名誉权益和荣誉权益，从而力图实现英雄烈士社会评价降低的效果。其中，侮辱是指以暴力、语言、文字及其他方式恶意贬损死者人格与名誉，损害死者尊严的行为；诽谤是指以书面或口头的形式捏造、散布与死者相关的虚假事实，以贬损死者的名誉的行为。在此种情形下，已经死亡的英雄烈士的近亲属将遭受精神痛苦，其所提起的诉讼通常就是名誉权、荣誉权纠纷。

四、结束语

对涉及英雄烈士人格利益言论的"狼牙山五壮士"系列案件七份民事判决的比较分析，我们可以提炼总结出侵害英雄烈士人格利益言论侵权所具有的三项共性特征：

第一，侵害英雄烈士人格利益言论侵权是一种一般型侵权行为，发表侵害英雄烈士人格利益言论的行为人负有过错；

第二，侵害英雄烈士人格利益言论侵权是一种作为型侵权行为，发表侵害英雄烈士人格利益言论的行为人违反了不得侵害已去世英雄烈士生前人格利益的义务；

第三，侵害英雄烈士人格利益言论侵权是一种人身型侵权行为，发表侵害英雄烈士人格利益言论的行为人侵害了受害人的名誉权益和荣誉权益以及社会公共利益，应承担非财产型的侵权责任。

八 八份涉及英雄烈士人格利益民事判决书的判决共识及其意义①

截至 2016 年 9 月 20 日，北京市两级人民法院先后作出了八份涉及英雄烈士人格利益的民事判决，它们分别是：北京市海淀区人民法院就黄某、洪某某与郭某某名誉权纠纷案作出的一审民事判决；北京市丰台区人民法院就黄某、洪某某与梅某某名誉权纠纷案作出的一审民事判决；北京市第一中级人民法院就黄某、洪某某与郭某某名誉权纠纷案作出的二审民事判决；北京市西城区人民法院就葛某某与洪某某名誉权纠纷案作出的一审民事判决；北京市西城区人民法院就宋某某与洪某某名誉权纠纷案作出的一审民事判决；北京市第二中级人民法院就葛某某与洪某某名誉权纠纷案作出的二审民事判决；北京市第二中级人民法院就宋某某与洪某某名誉权纠纷案作出的二审民事判决；北京市大兴区人民法院就邱某某与孙某、某（中国）饮料有限公司一般人格权纠纷案作出的一审民事判决。这八份民事判决就涉及英雄烈士人格利益民事纠纷案件中的若干重要问题形成了判决共识，对以后处理相同或类似民事案件具有重要意义。

---

① 该文发表于《国防参考》2016 年第 21 期。

一、八份涉及英雄烈士人格利益民事
判决的判决共识

（一）英雄烈士生前的人格利益受法律保护

相关受诉法院认为，根据《侵权责任法》第二条关于侵害民事权益应承担侵权责任的规定，我国现行法中侵权的客体范围既包含权利，也包含利益。同时，《最高人民法院关于确定民事侵权精神损害赔偿责任若干问题的解释》第三条规定，自然人死亡后，他人仍不得以侮辱、诽谤、贬损、丑化或者违反社会公共利益、社会公德的方式，侵害死者的姓名、肖像、名誉、荣誉。因此，自然人死亡后，其生前人格利益仍然受法律保护。基于上述法律和司法解释的规定，在葛某某与洪某某名誉权纠纷案中葛某某之父、"狼牙山五壮士"之一的葛振林和在宋某某与洪某某名誉权纠纷案中宋某某之父、"狼牙山五壮士"之一的宋学义，该两位英雄烈士虽然已经去世，已经丧失民事权利能力，但其生前的人格利益仍然受到法律的保护，侵害其生前人格利益的，须依法承担侵权责任。

（二）英雄烈士的近亲属享有维护英雄烈士生前人格利益的诉权

相关受诉法院认为，根据《民事诉讼法》第一百一十九条第（一）项的规定，民事诉讼中的原告是与本案有法律上利害关系的公民、法人和其他组织；根据《最高人民法院关于确定民事侵权精神损害赔偿责任若干问题的解释》第三条的规定，自然人死亡后，其近亲属因侮辱、诽谤、贬损、丑化或者违反社会公共利益、社会公德的方式侵害死者姓名、肖像、名誉、荣誉的，有权向人民法院提起诉讼；同时根据《最高人民法院关于适用〈民事诉讼法〉的解释》第六十九条的规定，对侵害死者遗体、遗骨以及姓名、肖像、名誉、荣誉、隐私等行为提起诉讼的，死者的近亲属为当事人。因此，根据上述法律和司法解释的规定，在葛某某与洪某某名誉权纠纷案中作为"狼牙山五壮士"之一葛振林之子的葛某某和在宋某某与洪某某名誉权纠纷案中作为"狼牙山五壮士"之一宋学义之子的宋某某，以及在邱某某与孙某、某（中国）饮料有限公司一般人格权纠纷案中作为英雄烈士邱少云之弟的邱某某，有权以近亲属的主体身份享有诉权，从而对侵害其父、其兄生前人格利益的侵权行为提起民事诉讼。

（三）英雄烈士的英雄事迹及其精神价值既是个人名誉和荣誉，又是社会公共利益的组成部分

相关受诉法院认为，"狼牙山五壮士"称号在全军、全国人民中广泛传播，获得了普通的公众认同，成为全军、全国人民学习的榜样和楷模。他们的英雄事迹反映了他们不怕牺牲、宁死不屈、英勇抗敌的精神，"狼牙山五壮士"的英雄称号，既是国家和公众对他们作为中华民族的英雄儿女在反抗侵略、保家卫国作出巨大牺牲的褒奖，也是他们应当获得的个人名誉和个人荣誉。不仅如此，"狼牙山五壮士"是中国共产党领导的八路军在抵抗日本帝国主义侵略伟大斗争中涌现出来的英雄群体，是中国共产党领导的全面抗战并取得最终胜利的重要事件载体。这一系列英雄人物及其事迹，经由广泛传播，在抗日战争时期，成为激励无数中华儿女反抗侵略、英勇抗敌的精神动力之一；成为人民军队誓死捍卫国家利益、保障国家安全的军魂来源之一；在和平年代，"狼牙山五壮士"的精神，仍然是我国公众树立不畏艰辛、不怕困难、为国为民奋斗终生的精神指引。这些英雄人物及其精神，已经获得全民族的广泛认同，是中华民族共同记忆的一部分，是中华民族精神的内核之一，也是社会主义核心价值观的重要内容。而民族的共同记忆、民族精

神乃至社会主义核心价值观，无论是从我国的历史看，还是从现行法上看，都已经是社会公共利益的一部分。

（四）行为人发表侵害英雄烈士人格利益言论是一种加害行为

相关受诉法院认为，根据《民法通则》第一百零一条的规定，公民、法人享有名誉权，公民的人格尊严受法律保护，禁止用侮辱、诽谤等方式损害公民、法人的名誉；根据《最高人民法院关于贯彻执行〈民法通则〉若干问题的意见（试行）》第一百四十条的规定，"宣扬他人的隐私，或者捏造事实公然丑化他人的人格，以及用侮辱、诽谤等方式"是侵害名誉权的行为类型；根据《最高人民法院关于审理名誉权案件若干问题的解释》第七条和第八条的规定，"侮辱或者诽谤"、"新闻报道严重失实"或者撰写、发表的批评文章"基本内容失实"等均为侵害名誉权的行为类型；根据《最高人民法院关于确定民事侵权精神损害赔偿责任若干问题的解释》第三条的规定，"以侮辱、诽谤、贬损、丑化或者违反社会公共利益、社会公德的方式"等均为民事侵权的行为类型。在此基础上，相关受诉法院进一步认为，上述法律和司法解释对行为类型的规定，是列举式的而非穷尽式的，上述规定中的"等"便是最好的说明；侵害名誉或者名誉权的行为通常表现为侮辱、诽谤，但并不以此为限，还包括"贬损、丑化或者违反社会公共利益、社会公德的方式"以及其他的行为类型；法律和司法解释所规定的侵权行为类型的具体表现形态，应当根据侵权行为方式的变化而变化。相关受诉法院认为，唯有如此，才能让法律更好地保护公民的人格利益不受非法侵害。涉案的侵害英雄烈士人格利益言论，在无充分证据的情况下多处作出似是而非的推测、质疑乃至评价。侵害英雄烈士人格利益言论虽无明显的侮辱性语言，但通过强调与基本事实无关或者关联不大的细节，引导读者对历史英雄人物及其英雄事迹和精神价值产生质疑，进而否定基本事实的真实性，降低历史英雄人物的英勇形象和精神价值。该侵害英雄烈士人格利益言论符合以贬损、丑化的方式损害他人名誉和荣誉的行为特征，不构成以侮辱、诽谤侵害他人名誉的行为方式。

就损害后果而言，侵害英雄烈士人格利益言论经由互联网的传播，已经在全国范围造成了较大影响。不仅损害了"狼牙山五壮士"和邱少云烈士的名誉和荣誉，而且还伤害了原告的个人情感，在一定范围和程度上伤害了社会公众的民族情感和历史情感，由于已经内化为民族精神和社会公共利益的一部分，因此，也损害了社会公共利益。

就主观要件而言，发表侵害英雄烈士人格利益言论的行为人主观上存在过错。通常情形下，侵害名誉或名誉权案件中的过错，是指明知或应当预见自己的行为造成他人社会评价降低的后果而仍然为之或者认可仍可避免的主观状态。在侵害名誉或者名誉权的案件中，对行为人主观过错的认定往往根据通常人的认知并辅之以社会常识、行为人的职业或专业以及控制危险的成本等客观因素加以判断。发表侵害英雄烈士人格利益言论的行为人，作为生活在中国的公民，对"狼牙山五壮士"历史事件和邱少云烈士英雄事迹所蕴含的精神价值，应当具有一般公民所拥有的认知；对"狼牙山五壮士"和邱少云烈士及其所体现的民族精神和民族感情，应当具有通常成年人所具有的体悟。尤其是作为具有一定研究能力和能够熟练使用互联网工具的人，更应当认识到侵害英雄烈士人格利益言论的发表及其传播将会损害到"狼牙山五壮士"和邱少云烈士的名誉和荣誉，也会对其近亲属造成感情和精神上的伤害，更会损害到社会公共利益。在此情形下，发表侵害英雄烈士人格利益言论的行为人有能力控制其言论所可能产生的损害后果而未控制，仍以既有的状态发表，在主观上显然有过错。

（五）侵害英雄烈士人格利益言论行为人对反历史虚无主义的言论负有较高的容忍义务

相关受诉法院认为，发表侵害英雄烈士人格利益言论的行为人应当认识到，抗日战争是中国共产党领导中国各族人民推翻帝国主义统治并取得新民主主义革命伟大胜利的重要组成部分，中国共产党在抗日战争中发挥了中流砥柱的作用，这已经成为全民族的共识。以"狼牙山五壮士"为代表的英雄人物和英雄事迹，已经成为中华民族不畏强敌、不惧牺牲精神的典型代表，他们的精神气质，已经成为中华民族精神世界和民族感情的重要内容。对这些英雄人物和英雄事迹的不当言论和评价，都将会伤害社会公众的民族感情，将会引起社会公众的批评，甚至是较具情绪化的批评。对社会公众的批评、激烈批评，甚至是负面评价等应当有所预见，其应当承担的容忍义务也相对较高。

（六）侵害英雄烈士人格利益言论不受言论自由、学术自由的保护

相关受诉法院认为，一般保护当事人的言论自由、学术自由是我国现行法律的明确规定。从民法的角度看，表达自由已经成为民事主体一般人格尊严的重要内容，但言论自由、学术自由并非没有边界，如超出合理的限度，则会侵害他人的合法权益以及更为重要的社会公共利益。学术自由、言论自由以不侵害他人合法权益、社会公共利益和国家利益为前提，这是我国宪法所确立的关于自由的一般法律原则，也是为言论自由、学术自由所划定的边界。任何公民在行使言论自由、学术自由及其他自由时，都负有不得超过自由边界的义务。这是法治国家和法治社会对公民的基本要求，也是任

何一个公民所应当承担的社会责任。英雄烈士及其事迹所凝聚的民族感情和历史记忆以及所展现的民族精神，是当代中国社会主义核心价值观的重要来源和组成部分，具有巨大的精神价值，也是我国作为一个民族国家所不可或缺的精神内核。对英雄烈士名誉和荣誉的损害，既是对英雄烈士本人的名誉和荣誉的损害，也是对中华民族的精神价值的损害。发表侵害英雄烈士人格利益言论的行为人完全可以在不损害英雄烈士名誉、荣誉和社会公共利益的前提下自由进行学术研究和自由发表言论，包括对英雄烈士、英雄事迹的细节进行研究，但发表侵害英雄烈士人格利益言论的行为人并非采用此种方式，而是通过所谓的细节研究，甚至是与其他发表侵害英雄烈士人格利益言论的行为人的污蔑性谣言遥相呼应，质疑英雄烈士英勇抗敌、舍生取义的基本事实，颠覆英雄烈士的英雄形象，贬损、降低英雄烈士的人格评价。这种"学术研究"、"言论自由"不可避免地会侵害英雄烈士的名誉、荣誉，以及融入了这种名誉、荣誉的社会公共利益。侵害英雄烈士人格利益言论并非是一种言论自由、学术自由，不受言论自由和学术自由的保护。

二、八份涉及英雄烈士人格利益民事判决的判决共识的意义

八份民事判决所形成的判决共识应深值赞许。赞许的原因，不仅是因为八份民事判决开以法治思维和法治方式在个案诉讼中保护英雄烈士人格利益的先河，更在于八份判决书的判决要旨与宪法精神完全符合，是审判机关在党的领导下依法独立公正行使审判权的表现，这对推动宪法的实施具有重大意义。

《宪法》"序言"规定，"一九四九年，以毛泽东主席为领袖的中国共产党领导中国各族人民，在经历了长期的艰难曲折的武装斗

争和其他形式的斗争以后，终于推翻了帝国主义、封建主义和官僚资本主义的统治，取得了新民主主义革命的伟大胜利，建立了中华人民共和国"；《宪法》"以法律的形式确认了中国各族人民的奋斗的成果"。《宪法》的"序言"作为宪法的重要组成部分，与《宪法》其他的组成部分一样，具有最高的法律效力，全国各族人民、一切国家机关和武装力量、各政党和各社会团体、各企业事业组织，都必须以宪法为根本的活动准则，并且负有维护宪法尊严、保证宪法实施的职责。由此观之，历史虚无主义的言论和行为，其行为的根本属性在于构成了对宪法规定和宪法精神的违反，在于其违宪属性，在于其亵渎了宪法的尊严，破坏了宪法的实施。八份民事判决在个案诉讼中对历史虚无主义的反对，是国家机关以宪法为根本的活动准则，维护宪法尊严和保证宪法实施的具体体现，它的意义不仅在于对民事侵权案件的裁判，更在于对中国特色社会主义宪法秩序的维护和彰显。

三、八份涉及英雄烈士人格利益民事判决的 判决共识对司法实践的作用

八份涉及英雄烈士人格利益的民事侵权案件，只是以法治思维和法治方式，特别是以个案诉讼方式保护英雄烈士人格利益的开始，而绝非终结。八份涉及英雄烈士人格利益的民事判决书均以维护反历史虚无主义当事人合法权益的方式较为成功地反对了历史虚无主义，因此，它们所形成的判决共识对于以后的涉及英雄烈士人格利益的民事案件的审理活动具有重大的司法意义，同时对于理论界对历史虚无主义的反对也起到了鼓舞人心的作用。对于八份涉及英雄烈士人格利益的民事判决，也应当以法治思维和法治方式予以对待，使共识和共识的作用以制度的方式得以体现；易言之，使八

份涉及英雄烈士人格利益的民事判决，能够对以后的涉及英雄烈士人格利益的民事侵权案件的审理活动产生法理乃至法律上的约束力。

（一）完善立法，为审判机关的审判活动提供直接的法律依据

建议国家立法机关根据《立法法》的有关规定，将八份涉及英雄烈士人格利益民事判决书中成功的、行之有效的法理观点上升为法律，将经得起检验的经验和做法升华为法律制度。目前，国家立法机关正在审议《网络安全法（草案）》并向社会各届征求对《民法总则（草案）》的意见，为彻底地、完整地实现维护社会公共利益以及保护公民、法人和其他组织合法权益的立法目的，建议在该两部法律中增加"不得利用网络从事伤害社会公众民族情感和历史情感的活动"以及应承担侵权责任的表述。

（二）指导司法，对审判机关的审判活动进行规范和提供指引

学界通说认为，我国系成文法国家，与英美法系的判例法国家不同的是，人民法院所作出的判例，既不具有创设立法的功能，对上级、同级和下级人民法院的审理活动也没有必然的约束力，换句话说，人民法院在之前审判活动中所形成的判例，对后来的人民法院的案件审理活动并没有强制的约束力，即该判例并不具备英美法系国家"在先判例"的作用。但是，根据《宪法》"最高人民法院监督地方各级人民法院和专门人民法院的审判工作，上级人民法院监督下级人民法院的审判工作"的规定和《人民法院组织法》关于"下级人民法院的审判工作受上级人民法院监督"的规定，在长期的审判实践中，我国审判机关特别是最高人民法院已经创设出富

有中国特色的案例指导制度。笔者认为，对于八份涉及英雄烈士人格利益民事判决书所形成的判决共识，可通过案例指导制度，对以后的涉及英雄烈士人格利益的民事侵权案件的审理产生法理乃至法律上的约束力，以能够更好地、一贯地以法治思维和法治方式特别是以诉讼方式保护英雄烈士人格利益。

其一，最高人民法院可将该八起涉及英雄烈士人格利益的民事侵权案件及其判决共识作为指导性案例进行发布。在我国审判实践中，指导性案例对各级地方人民法院具有非常显著的规范指引作用。最高人民法院往往能够通过各种信息披露形式展示指导性案例的处理模式和思路，有效地统一各级人民法院的裁判尺度。将该八起涉及英雄烈士人格利益的民事侵权案件及其判决共识作为指导性案例进行发布，借助指导性案例的业务指导意义，还可以起到宣传法制、预防纠纷的重要作用，对促进公正、统一司法、努力提升司法公信力和权威性也将大有裨益。

其二，各高级人民法院还可以将八起涉及英雄烈士人格利益的民事侵权案件及其判决共识作为参考性案例进行发布，并辅之以适当的法官培训，对下级人民法院审理涉及英雄烈士人格利益民事侵权案件的审理活动进行指导。

其三，各中级人民法院可以通过审理案件和总结审判经验、组织法官培训等形式，对基层人民法院审理涉及英雄烈士人格利益民事侵权案件的审判业务工作进行指导。

其四，鉴于《人民法院案例选》在促进应用法学研究、指导审判实践方面发挥了积极作用，并受到社会各界的好评，因此，也可以将该八起涉及英雄烈士人格利益的民事侵权案件及其判决共识编入《人民法院案例选》，以更好地发挥这八份涉及英雄烈士人格利益民事判决的规范指引作用。

九 《中华人民共和国英雄烈士人格 利益保护法》立法建议稿及说明

目 录

《中华人民共和国英雄烈士人格利益保护法》立法建议稿说明

第一章 总则

第一条 [立法目的、依据] 为保护英雄烈士的人格利益，弘扬英雄烈士精神，维护社会公共利益，根据宪法，制定本法。

说明：本条是关于《中华人民共和国英雄烈士人格利益保护法》立法目的和立法依据的规定。

一、关于《中华人民共和国英雄烈士人格利益保护法》的立法目的

（一）保护英雄烈士的人格利益

之所以建议制定《中华人民共和国英雄烈士人格利益保护法》，系针对较长一段时间以来，侵害英雄烈士人格利益的言论在传统纸质媒体和新型网络媒体空间持续不断地以侮辱、诽谤、贬损、丑化和违反公序良俗的其他方式损害着英雄烈士的人格利益，降低了英雄烈士精神的历史价值和时代意义，降低了社会公众对英雄烈士的社会评价，造成了恶劣的社会影响。虽然个别英雄烈士近亲属以提起民事诉讼的方式保护了英雄烈士的人格利益和自身的情感利益，但也同时暴露出我国现行立法和司法解释保护英雄烈士人格利益的不足和缺陷。因此，亟须制定单行法完整系统地保护英雄烈士的人格利益。

（二）弘扬英雄烈士精神

英雄烈士均系在革命斗争、保卫祖国和社会主义现代化建设事业中壮烈牺牲，其忘我牺牲的精神，对教育人民为保卫祖国和建设祖国英勇奋斗具有重大意义。因此，保护英雄烈士的人格利益，预防侵犯英雄烈士人格利益的侵权行为的再次发生，维系社会公众对英雄烈士的社会评价，在于弘扬英雄烈士精神，激励社会公众以英雄烈士为楷模，在英雄烈士忘我牺牲精神的感召之下，为保卫祖国和社会主义现代化建设作出更大贡献。

（三）维护社会公共利益

制定《中华人民共和国英雄烈士人格利益保护法》，其直接立法目的是保护英雄烈士的人格利益，根本的立法目的是弘扬英雄烈士精神，维护社会的公共利益。对英雄烈士人格利益的保护，固然首先在于保护英雄烈士本人的人格利益及其近亲属的情感利益，然而建立在英雄烈士人格利益基础之上的英雄烈士精神，在战争年

代，是表征中华女儿不畏强敌、不怕牺牲、英勇奋争精神的具体载体；在和平年代，是体现中华儿女不惧艰难、勇于开拓、敢于创新的形象空间。在革命战争、保护祖国和社会主义现代化建设事业中壮烈牺牲的英雄烈士及其精神，已经成为了中华民族的共同的历史记忆，已经衍生为社会公众的民族情感和历史情感，从而构成了社会公共利益的重要组成部分。于此而言，保护英雄烈士的人格利益，同时也是对社会公共利益的保护。

二、关于《中华人民共和国英雄烈士人格利益保护法》的立法依据

根据《立法法》的规定，《中华人民共和国英雄烈士人格利益保护法》系应由全国人民代表大会常务委员会制定的法律，其应以《宪法》为立法依据。

（一）《宪法》"序言"是《中华人民共和国英雄烈士人格利益保护法》制定的理念依据

《宪法》"序言"规定："一九四九年，以毛泽东主席为领袖的中国共产党领导中国各族人民，在经历了长期艰难曲折的武装斗争和其他形式的斗争以后，终于推翻了帝国主义、封建主义和官僚资本主义的统治，取得了新民主主义革命的伟大胜利，建立了中华人民共和国。从而，中国人民掌握了国家的权力，成为了国家的主人。"还规定："中国新民主主义革命的胜利和社会主义事业的成就，是中国共产党领导中国各族人民，在马克思列宁主义、毛泽东思想的指引下，坚持真理、修正错误，战胜许多艰难险阻而取得的。"又规定："本宪法以法律的形式确认了中国各族人民奋斗的成果。"《宪法》"序言"的上述规定，在理念上肯定了中国各族人民在中国共产党的领导下取得新民主主义革命胜利和社会主义事业成就的伟大历史贡献，而英雄烈士就是其中的杰出代表。因此，保护

英雄烈士的人格利益，同时也是对中国各族人民在中国共产党领导下取得新民主主义革命胜利和社会主义事业成就即中国各族人民奋斗成果的保护，是对中国各族人民取得奋斗成果历史过程的保护。于此而言，《宪法》"序言"的有关规定构成了制定《中华人民共和国英雄烈士人格利益保护法》的理念依据。

（二）宪法关于保护公民人格权益的规定是制定《中华人民共和国英雄烈士人格利益保护法》的制度依据

《宪法》第三十三条第四款规定："任何公民享有宪法和法律规定的权利，同时必须履行宪法和法律规定的义务。"第三十八条规定："中华人民共和国公民的人格尊严不受侵犯。禁止用任何方法对公民进行侮辱、诽谤和诬告陷害。"第五十一条规定："中华人民共和国公民在行使自由和权利的时候，不得损害国家的、社会的、集体的利益和其他公民合法的自由和权利。"《宪法》的上述规定，赋予我国公民以人格尊严的宪法性权利，并明确我国公民权利享有和义务履行相一致的原则。英雄烈士的人格利益，系公民享有人格尊严在民事法领域的死后延伸和具体体现。保护英雄烈士的人格利益，实际也是要求公民在行使言论自由或学术自由等自由和权利时，不得损害英雄烈士的人格利益及其近亲属的情感利益、不得损害社会的公共利益。于此而言，仅仅就制度设计的效力来源而言，《宪法》也是《中华人民共和国英雄烈士人格利益保护法》的立法依据。

第二条 ［保护对象］　　英雄烈士享有人格利益，其人格利益受本法保护；本法未作规定的，受其他法律、法规的规定。

说明：本条以立法的方式明确规定英雄烈士享有人格利益，在于回应和解决英雄烈士是否享有人格利益的争论，同时建立起保护英雄烈士人格利益的法律体系。

一、关于英雄烈士是否享有人格权或人格利益的问题

关于英雄烈士是否享有人格利益的问题，在民事法领域实际是指自然人死亡后是否享有人格利益的问题，综合研判我国既有的立法、判例和学说，《中华人民共和国英雄烈士人格利益保护法》规定英雄烈士享有人格利益，其人格利益受法律保护。

（一）关于既往立法的观点

1986 年《民法通则》第九条规定，公民从出生时起到死亡时止，具有民事权利能力，依法享有民事权利，承担民事义务。因此，根据《民法通则》的规定，自然人死亡后不再具有民事权利能力，不能够再享有民事权利，当然也就不能够再享人格权了。但对于自然人死亡后是否继续享有人格利益，《民法通则》并没有作出明确的规定。同时根据 1985 年《继承法》第一条和第三条的规定，自然人所能够继承的是被继承人死亡时所遗留的个人合法财产即财产权，不能够继承被继承人的人格权和身份权，但是，对于自然人能否继承被继承人的人格利益，《继承法》也没有作出明确的规定。

根据《全国人民代表大会常务委员会关于加强法律解释工作的决议》第二条和《人民法院组织法》第三十二条规定，最高人民法院对于在审判过程中如何具体应用法律、法令的问题，进行解释。虽然我国现行法律对最高人民法院的司法解释的法律效力未能作出明确规定，但学术界和实务界一致认为司法解释也是法律的渊源或法律的具体表现形式之一。因此，探究立法上如何回答死者人格利益问题，不能脱离司法解释中的规定和观点。事实上，正是最高人民法院的司法解释而不是国家立法机关制定的法律，更加富有针对性地回答了死者是否享有人格权或人格利益这一重大民法问题。

2001 年最高人民法院颁布了《最高人民法院关于确定民事侵

权精神损害赔偿责任若干问题的解释》，该司法解释第三条规定，自然人死亡后，其近亲属因下列侵权行为遭受精神痛苦，向人民法院起诉请求赔偿精神损害的，人民法院应当依法予以受理：（一）以侮辱、诽谤、贬损、丑化或者违反社会公共利益、社会公德的其他方式，侵害死者姓名、肖像、名誉、荣誉；（二）非法披露、使用死者隐私，或者以违反社会公共利益、社会公德的其他方式侵害死者隐私；（三）非法利用、损害遗体、遗骨，或者以违反社会公共利益、社会公德的其他方式侵害遗体、遗骨的。同时，该司法解释第七条还规定，自然人死亡后其人格或者遗体遭受损害的，死者的配偶、父母和子女向人民法院起诉请求赔偿精神损害的，列其配偶、父母和子女为原告；没有配偶、父母和子女的，可以由其他近亲属提起诉讼，列其他近亲属为原告。可见，在该司法解释当中，最高人民法院明确地使用了"死者姓名"、"死者肖像"、"死者名誉"、"死者荣誉"、"死者隐私"，特别是明确地使用了"自然人死亡后其人格"的表述方式，这意味着最高人民法院明确认可自然人虽已死亡但仍然享有姓名、肖像、名誉、荣誉和隐私等人格利益，同时也表明最高人民法院认定自然人因死亡不再具有民事权利能力因而不再享有姓名权、肖像权、名誉权、荣誉权和隐私权等人格权了。

2003 年最高人民法院又颁布了《最高人民法院关于审理人身损害赔偿案件适用法律若干问题的解释》，该司法解释第十八条规定，受害人或者死者近亲属遭受精神损害，赔偿权利人向人民法院请求赔偿精神损害抚慰金的，适用《最高人民法院关于确定民事侵权精神损害赔偿责任若干问题的解释》予以确定。可见，该司法解释主张因死者姓名、肖像、名誉、荣誉和隐私等人格利益遭受侵害，死者近亲属有遭受精神损害的可能，因而也有以赔偿权利人资格向人民法院请求赔偿精神损害赔偿抚慰金的权利。在法理上，根据该司法解释的规定，虽然遭受侵害的利益是死者的人格利益，但侵权行为人承担侵害损害赔偿责任所填补的并非是死者的人格利益，而是死者近亲属的精神利益，此点殊为重要。

为配合《民事诉讼法》的修订，最高人民法院于2014年颁布了《最高人民法院关于适用〈中华人民共和国民事诉讼法〉的解释》，该司法解释第六十九条规定，对侵害死者遗体、遗骨以及姓名、肖像、名誉、荣誉、隐私等行为提起诉讼的，死者的近亲属为当事人。该司法解释的法理观点与2001年颁布的《最高人民法院关于确定民事侵权精神损害赔偿责任若干问题的解释》完全相同，系对死者享有人格利益而不再享有人格权的规定；同时，该司法解释也与2003年《最高人民法院关于审理人身损害赔偿案件适用法律若干问题的解释》赋予死者近亲属以赔偿权利人资格的规定相符，盖因赋予死者近亲属以赔偿权利人的资格，实际便是赋予死者近亲属以适格原告的资格。

（二）关于既往判例的观点

在最高人民法院所颁布的有关死者是否享有人格权或人格利益的具体判例中，最高人民法院的态度与其所颁布的司法解释的观点有时相同，有时相反。如在1989年颁布的《最高人民法院关于死亡人的名誉权应受法律保护的函》中，最高人民法院认为吉文贞（艺名荷花女）死亡后，其名誉权应依法保护，其母陈秀琴有权向人民法院提起诉讼。在该函中，最高人民法院认为自然人虽然已经死亡，但却继续享有名誉权等人格权。再如1993年颁布的《最高人民法院关于审理名誉权案件若干问题的解答》中，最高人民法院认为死者名誉受到损害的，其近亲属有权向人民法院提起诉讼。在该解答中，最高人民法院又认为受到损害的不是死者的名誉权而是死者的名誉，因此，可以理解为最高人民法院认为死者不再享有人格权而只是享有人格利益。又如在2000年颁布的《最高人民法院关于周海婴诉绍兴越王珠宝金行侵犯鲁迅肖像权一案应否受理的答复意见》中，最高人民法院认为，公民死亡后，其肖像权应依法保护。任何污损、丑化或擅自以营利为目的地使用死者肖像权构成侵权的，死者的近亲属有权向人民法院提起诉讼。此时，最高人民法院的态度又发生了明显变化，其放弃了在1993年认为死者只享有人格利益而不享有人格权的主张，转而继续1989年的观点，认为公民死亡后仍然享有人格权，其人格权也仍然接受法律的保护。

（三）关于既往学说的观点

1. 死者权利保护说

在学术界中有个别学者认为自然人死亡后继续享有他的人格权，因此，法律所保护的是死者的人格权，不是死者近亲属的情感利益，也不是社会的公共利益。由于该种观点与民法基本法理和《民法通则》中自然人的民事权利能力始于出生终于死亡的具体规定直接相悖，故一直以来很难获得学术界和实务界的认同，最终，该种观点也只是学术界的一种枝节末流思想而已。但值得注意的是，我国法律中的确存在类似公民死亡后仍然享有民事权利的规定，如《著作权法》第二十一条规定，"公民的作品，其发表权、本法第十条第一款第（五）项至第（十七）项规定的权利的保护期为作者终生及其死亡后五十年，截止于作者死亡后第五十年的12月31日；如果是合作作品，截止于最后死亡的作者死亡后第五十年的12月31日"。基于该规定，作者的发表权等著作权在作者死亡后仍然接受法律的保护，公民死亡后仍然享有民事权利的观点在此似乎获得了支持。

2. 死者利益保护说

该学说主张虽然公民因死亡而丧失民事权利能力、不再具有享有民事权利和承担民事义务的资格，因而死者无法享有人格权等民事权利。但死者虽不能享有民事权利，却可以继续享有因民事权利所产生的法律上的利益。换句话说，死者虽不能继续享有人格权，但却可以继续享有人格利益，其人格利益依然接受法律的保护。这既是保护死者本人人格利益的需要，也是保护社会公共利益的需要。

3．近亲属利益保护说

该学说认为公民因死亡丧失了民事权利能力，因此，死者既不能享有民事权利，也不能享有民事利益。归根究底，法律所保护的，既不是死者的民事权利，也不是死者的民事利益，而是死者近亲属的人格权。因为，在通常社会生活中，社会公众对死者的社会评价，实质上是对死者近亲属的社会评价，或者说社会公众对死者直接的社会评价，实际上是对死者近亲属的间接评价，保护死者的名誉和荣誉，实质上是对死者近亲属名誉权和荣誉权的保护。

4．人格利益继承说

该学说认为根据《继承法》的规定，虽然人格权具有专属于被继承人本人因而不能继承的特征，但是被继承人的人格利益却可以由继承人予以继承，易言之，被继承人的人格利益可以作为遗产为继承人所继承。既然继承人能够继承被继承人的人格利益，法律所包含的自然是继承人或者说死者近亲属的利益，而不是死者本人的利益。

综合我国既往立法、判例和学说上的各种观点和主张，研判死者或英雄烈士是否具有人格权或人格利益，在制定《中华人民共和国英雄烈士人格利益保护法》时须特别注意以下两个方面的基本问题：第一，立法和判例之间的时间关系。可以看出，最高人民法院所发布的判例系于1989年、1993年和2000年所作出，其所制定的司法解释则颁布于2001年、2003年和2014年。由于判例的发布时间均早于司法解释的颁布时间，所以就其对司法实践的法律效力而言，理应优先适用或采纳司法解释的观点，而不能继续沿用判例的主张，而最高人民法院的三部司法解释一致规定，自然人在死亡后不再享有人格权而继续享有人格利益。第二，立法和学说之间的逻辑关系。判例和学说理应形成良性互动的关系格局，也就是说，立法应当成为学说阐释的基础或对象，学说也应当为立法提供足够的理论资源。在处理立法和学说之间的逻辑关系时，特别是在选择一种各方均能够最大限度接受的观点时，应该寻求立法和学说之间的最大公约数，即立法和学说的共同一致的主张。在死者是否享有人格权和人格利益的问题上，我们不难发现，立法和学说共同一致的观点是死者因死亡不再享有人格权但却继续享有人格利益。其他的观点或主张，因难以调和立法和学说之间的关系，甚至可能将立法和学说置于紧张对立的格局而无法满足司法实践的实际需要因而不能够作为应该予以适用的依据。

二、关于英雄烈士人格利益保护的法律体系

制定《中华人民共和国英雄烈士人格利益保护法》意在以单行法的形式加强对英雄烈士人格利益的法律保护，但同时须加以说明并予以正确处理的是《中华人民共和国英雄烈士人格利益保护法》对英雄烈士人格利益的保护与其他法律、法规对英雄烈士之外的普通死者人格利益保护之间的关系问题。一方面，英雄烈士与普通死者不同，其系在革命战争、保卫祖国和社会主义现代化建设事业中壮烈牺牲的自然人，对其人格利益的保护也自然不同于对普通死者人格利益的保护，如英雄烈士的人格利益既具有典型私人利益的特征，同时又因其融入社会公共利益从而具有浓厚的公共利益特征，而普通死者的人格利益只具有私人利益的特征，不具有社会公共利益的色彩。另一方面，作为死者，英雄烈士又有与普通死者相同的地方，对英雄烈士人格利益的保护与对普通死者人格利益的保护从而存在相同的制度设计，如作为死者，都只能享有人格利益，而不

能享有人格权；作为死者，英雄烈士所享有的人格利益的范围与普通死者享有的人格利益的范围相同，都指向姓名、肖像、名誉、荣誉、隐私等；作为死者，他们的近亲属都有权以原告的主体资格提起民事诉讼维护死者的人格利益。因此，基于英雄烈士与普通死者、英雄烈士的人格利益保护与普通死者的人格利益保护既有相同之处又有不同之处，特别是现行法律和司法解释就普通死者人格利益的保护已经作出了一定规定且初步表现出体系化的规模和趋势，作为保护英雄烈士人格利益单行法的《中华人民共和国英雄烈士人格利益保护法》在进行制度设计时，应着力或偏重保护英雄烈士人格利益与保护普通死者人格利益的不同之处，即体现出对英雄烈士人格利益所实施的特殊法律保护。制定《中华人民共和国英雄烈士人格利益保护法》时，凡与保护普通死者人格利益相同的制度设计，为节约立法资源并保持《中华人民共和国英雄烈士人格利益保护法》的简明扼要，应不以作出与其他法律和司法解释保护普通死者人格利益相重复的规定为宜；当英雄烈士的人格利益依《中华人民共和国英雄烈士人格利益保护法》得到特殊保护之时，依然不排除英雄烈士的人格利益与普通死者的人格利益一样得到其他法律、司法解释和法规保护的可能和必要，即其他法律、司法解释和法规凡作出保护普通死者人格利益的规定的，也同时适用于对英雄烈士人格利益的保护。

第三条 ［个体责任］ 公民、法人和其他组织发表与英雄烈士有关的言论或者实施与英雄烈士有关的行为，不得违背公序良俗，侵害英雄烈士的人格利益。

说明：本条是关于保护英雄烈士人格利益中个体责任的规定，要求公民、法人和其他组织在发表与英雄烈士有关的言论或者实施与英雄烈士有关的行为时，不得侵害英雄烈士的人格利益。判断公民、法人和其他组织的言论或者行为是否得当、是否合法，总的原则性的标准是民法上的公序良俗原则。

民法上的公序良俗原则，是公共秩序和善良风俗的简称。公共秩序是指社会的存在及其发展所必要的一般秩序。通常，违反禁止性规定的，即为违反公共秩序。法律难以将禁止性规定列举周全，公共秩序比禁止性规定的外延宽，除包括涉及公共秩序的现行法律规范外，还包括现行法律没有规定的某些情况。善良风俗是指社会的存在和发展所必要的一般道德。作为民法基本原则的善良风俗，是将人们应当遵守的最低限度的道德法律化，故意违背应当遵守的最低限度的道德，就是违反善良风俗原则。在我国的民事法律规范中，虽然没有明确地使用"公序良俗"的字样，但民法学界普遍认为，《民法通则》《物权法》和《合同法》中所规定的"社会公德"和"社会经济秩序"等，就是我国民法对公序良俗原则的确立。值得注意的是，经过若干年来的理论研究和司法实践，理论界和学术界对应该明确使用"公序良俗"表述方式的观点日趋一致，最近全国人大常委会审议的民法总则草案中，其"基本原则"部分已经明确地规定："民事主体从事民事活动，不得违反法律，不得违背公序良俗。"本条对"公序良俗"的明确使用，既与学术界和实务界的观点保持一致，又能够与未来可能生效的民法总则相互协调。

民法设立公序良俗原则的目的在于满足维护国家和社会利益的需要，是约束民事行为的最低要求，是当事人行为自主的底线，不可逾越。英雄烈士的人格利益不仅关系到英雄烈士及其近亲属的个人利益，而且关系到社会公众的公共利益。因此，《中华人民共和国英雄烈士人格利益保护法》规定，公民、法人和其他组织发表与英雄烈士有关的言论或者实施与英雄烈士有关的行为时，应恪守公序良俗原则约束民事行为的最低要求，保护国家利益和社会利益，维系社会存在和发展所需要的一般秩序和道德。

第四条〔社会责任〕　保护英雄烈士的人格利益是全社会的共同责任，国家鼓励、支持一切组织和个人对侵害英雄烈士人格利益的行为进行社会监督。

说明：本条是关于社会和国家保护英雄烈士人格利益的责任的规定。

之所以将保护英雄烈士人格利益界定为全社会的共同责任，并要求国家鼓励、支持一切组织和个人对侵害英雄烈士人格利益的行为进行社会监督，最为根本的原因在于英雄烈士的人格利益不仅关涉到英雄烈士本人及其近亲属的私人利益，它更是社会公共利益的重要组成部分。换句话说，英雄烈士的人格利益不仅具有私益特征，同时还有公益特征；正是由于其具有公益特征，全社会才负有保护英雄烈士人格利益的共同责任，国家也才能够运用各种政策和方式鼓励、支持一切组织和个人对侵害英雄烈士人格利益的行为进行社会监督。

一、关于英雄烈士人格利益的私益特性

私益可粗略理解为私人利益，它归属于特定的利益主体，所谓英雄烈士人格利益具有私益特性，是指英雄烈士的人格利益是英雄烈士的私人利益及其近亲属的情感利益是其近亲属的私人利益。作为英雄烈士，其本人的人格权及其死后的人格利益是其私人利益，应属不言自明的法理命题；若剥夺英雄烈士本人对其生前人格权和死后人格利益的享有，英雄烈士无论在生前抑或死后，都难以体现出人之所以为人在法律上所应有的主体资格。

作为英雄烈士的近亲属（配偶、父母、子女、兄弟姐妹、祖父母、外祖父母、孙子女、外孙子女等），其对英雄烈士自然享有情感利益，此种情感利益的存在与死者是否为英雄烈士无关，只与近亲属与英雄烈士具有亲属关系有关。从这一角度看，近亲属对英雄

烈士的情感利益同样具有典型的私益特征。但是，近亲属对英雄烈士的情感利益，较近亲属对普通死者的情感利益，具有更易受到侵害的可能性。因英雄烈士系在革命斗争、保卫祖国和社会主义现代化建设事业中壮烈牺牲的自然人，享有较高社会知名度，再加之英雄烈士的事迹与形象，又往往与特定历史阶段、时期及中国共产党在该特定历史阶段、时期的政策与任务密切相关，甚至可以说，英雄烈士及其事迹与形象，经常被视为中国共产党在特定历史阶段、时期的政策与任务获得执行和落实的具体体现，因此，英雄烈士及其事迹与形象，在某种程度上具有公共话题的属性，能够为不特定的社会公众所谈论，于是，作为英雄烈士近亲属因英雄烈士人格利益所产生的情感利益，正如英雄烈士的人格利益本身，较普通死者的人格利益和普通死者近亲属的情感利益而言，更加具有容易受到侵害的法律特征。

二、关于英雄烈士人格利益的公益特性

无论是社会还是国家，之所以负有保护英雄烈士人格利益的法律责任，在于英雄烈士的人格利益不仅是英雄烈士本人及其近亲属的私人利益，同时还具有浓厚的社会公共利益的色彩。

公益可大致理解为社会公共利益，它归属于不特定的社会公众。英雄烈士人格利益基础之上的英雄烈士精神，在战争年代，是表征中华女儿不畏强敌、不怕牺牲、英勇奋争精神的具体载体；在和平年代，是体现中华儿女不惧艰难、勇于开拓、敢于创新的形象空间。在革命战争、保护祖国和社会主义现代化建设事业中壮烈牺牲的英雄烈士及其精神，已经成为了中华民族的共同的历史记忆，是中华儿女共同的宝贵的精神财富，已经衍生为社会公众的民族情感和历史情感，从而构成了社会公共利益的重要组成部分，英雄烈士的人格利益也由此获得了浓厚的公益色彩。

第五条　[表彰奖励]　　各级人民政府和有关部门对保护英雄烈士人格利益成绩显著的组织和个人，按国家有关规定给予表彰或者奖励。

说明：本条是关于政府或其职能部门表彰或奖励保护革命人格利益的组织和个人的规定。

《中华人民共和国英雄烈士人格利益保护法》将英雄烈士的人格利益视为融入社会公共利益的一项利益类型，同时课以社会公众以保护英雄烈士人格利益的义务，并将保护英雄烈士的人格利益视为全社会的共同责任。虽然从法律规范效力的角度观察，将保护英雄烈士人格利益规定为全社会的共同责任只是一项倡导性条款，只是号召社会公众自觉自愿维护英雄烈士的人格利益和社会公共利益，无法因社会公众怠于或者不愿维护英雄烈士的人格利益而追究其法律责任，但是，为更有效地保护英雄烈士的人格利益和社会公共利益，更好地调动社会公众保护英雄烈士人格利益的积极性，真正形成全社会保护英雄烈士人格利益的局面，立法者在制定《中华人民共和国英雄烈士人格利益保护法》时有必要设置表彰和奖励制度，通过表彰和奖励在保护英雄烈士人格利益工作中作出显著成绩的单位和个人，鼓励社会公众人人起来负责，共同预防和遏制侵害革命历史人格利益的历史虚无主义社会思潮。

此外，尚有两项问题需要另加详细说明：第一，关于表彰和奖励的主体。因直接保护英雄烈士的人格利益系间接地保护了社会的公共利益，表彰和奖励的主体应以各级人民政府或其有关部门为宜。一是因为能够作为社会公共利益代表者的，在我国现行有效的法律制度设计中，通常的选择是人民政府或其有关部门；二是不同的组织和个人很有可能在不同的行业、领域，以不同的方式为保护英雄烈士的人格利益作出不同的贡献，如学者通常是以理论研究和学术论辩的方式保护英雄烈士的人格利益，学术团体可以通过提起民事公益诉讼的方式保护英雄烈士的人格利益，检察机关则有可能通过提起民事公益诉讼或者支持民事公益诉讼的方式保护英雄烈士的人格利益。鉴于人民政府或其有关部门享有广泛的行政管理职权（其中包括行政奖励权），能够适用不同的组织和个人分布各行各业的实际情况，有利于也便于进行表彰和奖励，故将奖励的主体设定为各级人民政府或其有关部门。第二，在奖励主体之中，就实际生活观察，不排除在人民政府和其有关部门之外，尚有其他国家机关、社会团体、事业单位甚至企业组织表彰和奖励保护英雄烈士人格利益先进组织和个人的情形，但《中华人民共和国英雄烈士人格利益保护法》一方面考虑到保护英雄烈士的人格利益应贯彻法治思维和法治方式，不宜在各级人民政府和其有关部门之外增设其他国家机关、社会团体、事业单位和企业组织的表彰义务和奖励义务；另一方面，其他国家机关、社会团体、事业单位和企业组织的奖励行为和表彰行为本身也应被视为"保护英雄烈士人格利益成绩显著"行为，本身也应予以表彰或奖励，故不在条文中赘述。

第六条 ［英雄烈士纪念日］   9 月 30 日为英雄烈士纪念日，国家在英雄烈士纪念日举行纪念英雄烈士的活动。

说明：本条是关于英雄烈士纪念日和开展纪念英雄烈士活动的规定。

设置特定日期为法定的纪念英雄烈士或英雄人物的日期，并在法定日期内组织各种纪念活动，是各个国家普遍的做法，也是各个国家弘扬本国英雄烈士或英雄人物的事迹、形象和精神的实际需要。在我国，为了弘扬烈士精神，缅怀烈士功绩，培养公民的爱国主义、集体主义和社会主义道德风尚，培育和践行社会主义核心价值观，增强中华民族的凝聚力，激发实现中华民族伟大复兴中国梦的强大精神力量，第十二届全国人大常委会第十次会议作出了《全国人民代表大会常务委员会关于设立烈士纪念日的决定》，决定将

9月30日设立为烈士纪念日，每年9月30日国家举行纪念烈士活动。该决定正视如下历史事实：近代以来，为了争取民族独立和人民自由幸福，为了国家繁荣昌盛，无数的英雄献出了生命，烈士的功勋彪炳史册，烈士的精神永垂不朽。为了与全国人大常委会的决定保持一致，避免《中华人民共和国英雄烈士人格利益保护法》与同位阶法律或决定的冲突，《中华人民共和国英雄烈士人格利益保护法》依然将9月30日设立为英雄烈士纪念日。在纪念日里，国家举行纪念英雄烈士的各种活动。通过纪念日的设立和各种纪念活动的举行，增强社会公众对英雄烈士精神的追忆，形塑符合社会主义核心价值观的公共秩序和善良风俗，预防侵犯英雄烈士人格利益的侵权行为的发生，从而更好地保护英雄烈士的人格利益。

第七条〔模范守法〕　公务员和参照公务员法管理的工作人员以及英雄烈士近亲属应当模范遵守本法。

说明：本条是关于特定职业或身份群体应模范遵守《中华人民共和国英雄烈士人格利益保护法》的规定。

一、公务员和参照公务员法管理的工作人员应当模范遵守《中华人民共和国英雄烈士人格利益保护法》

公务员是指依法履行公职、纳入国家行政编制、由国家财政负担工资福利的工作人员。我国的公务员制度坚持以马克思列宁主义、毛泽东思想、邓小平理论和"三个代表"重要思想为指导。作为公务员，应履行模范遵守宪法和法律的义务，履行全心全意为人民服务和接受人民监督的义务，履行维护国家的安全、荣誉和利益的义务，履行遵守纪律、恪守职业道德和模范遵守社会公德的义务。就此而言，英雄烈士的人格利益关涉社会公共利益，关涉我国社会的公共秩序和善良风俗，作为依法履行公职、纳入国家行政编制、由国家财政负担工资福利的工作人员，理应模范遵守宪法和法律，理应成为社会公众遵守宪法和法律的楷模。公务员履行全心全意为人民服务的义务，须模范遵守《中华人民共和国英雄烈士人格利益保护法》，为激发实现中华民族伟大复兴中国梦的强大精神力量作出表率；公务员履行维护国家的安全、荣誉和利益的义务，鉴于英雄烈士系在革命斗争、保卫祖国和社会主义现代化建设事业中壮烈牺牲，英雄烈士的人格利益与国家的安全、荣誉和利益紧密相关，公务员模范遵守《中华人民共和国英雄烈士人格利益保护法》，是其维护国家安全、荣誉和利益的题中应有之义；由于保护英雄烈士的人格利益，对培育和践行社会主义核心价值观具有重大意义，对维护我国社会的公序良俗具有重大意义，公务员在履行模范遵守社会公德的义务时，应毫无疑问地模范遵守《中华人民共和国英雄烈士人格利益保护法》。最后，根据《公务员法》第一百零六条的规定，法律、法规授权的具有公共事务管理职能的事业单位中除工勤人员以外的工作人员，经批准参照公务员法进行管理。因此，对于此类参公管理人员，应作出与公务员相同的法律要求，亦应模范地遵守《中华人民共和国英雄烈士人格利益保护法》。

二、英雄烈士近亲属应模范遵守《中华人民共和国英雄烈士人格利益保护法》

由于英雄烈士的人格利益具有利益的双重属性，即一方面具有归属于不特定社会公众的社会公共利益属性；另一方面具有归属于英雄烈士本人及其近亲属的私人利益属性。因此，作为英雄烈士的近亲属，其对《中华人民共和国英雄烈士人格利益保护法》的遵守和对革命人格利益的保护具有特殊的重要意义。作为具有私益特征的英雄烈士的人格利益，由于英雄烈士已成为死者，丧失了民事权利能力和民事诉讼权利能力，不能够以诉讼方式或其他行使请求权的方式维护其可能遭受损害的人格利益，此时，近亲属理应以私益主体的身份保护英雄烈士可能遭受损害的人格利益和自身的情感利益，借此彰显法律对私人利益的保护。若英雄烈士的近亲属都不能模范地遵守《中华人民共和国英雄烈士人格利益保护法》、不能积极地保护英雄烈士的人格利益，不但不能有效、及时地保护英雄烈士的人格利益，对社会公众尊崇烈士、弘扬烈士精神道德风尚的形塑恐怕都难脱阻碍之虞。基于此，《中华人民共和国英雄烈士人格利益保护法》要求英雄烈士的近亲属也应当模范遵守该法。

第二章　英雄烈士的批准

第八条〔英雄烈士〕　我国人民和人民解放军指战员，在革命斗争、保卫祖国和社会主义现代化建设事业中壮烈牺牲的，称为英雄烈士。

说明：本条是关于英雄烈士定义的规定。

一、关于"革命烈士"与"烈士"的提法

"革命烈士"作为一个法律概念或术语，来自于 1980 年 4 月 29 日国务院常务会议通过、1980 年 6 月 4 日起施行的《革命烈士褒扬条例》，该条例第二条规定："我国人民和人民解放军指战员，在革命斗争、保卫祖国和社会主义现代化建设事业中壮烈牺牲的，称为革命烈士。"由此观之，由于该条例对"革命烈士"作出了明确的界定，"革命烈士"成为了一个具有特定内涵和外延的法律概念或术语。2011 年 7 月 20 日，国务院第 164 次常务会议通过的《烈士褒扬条例》，该条例于 2011 年 8 月 1 日起施行，同时废止了《革命烈士褒扬条例》。与《革命烈士褒扬条例》相比较，新颁布的《烈士褒扬条例》最显著的特点在于不再因袭使用"革命烈士"的提法，而是改用"烈士"的新提法，"革命烈士"一词因此成为了法

律史的历史词汇，不再是具有法定内涵和外延的法律概念。

二、关于"革命烈士"和"烈士"的定义

同时，如同《革命烈士褒扬条例》曾对"革命烈士"进行过定义一样，新颁布的《烈士褒扬条例》也对"烈士"进行了定义："公民在保卫祖国和社会主义建设事业中牺牲被评定为烈士的，依照本条例的规定予以褒扬。"简单对比《革命烈士褒扬条例》对"革命烈士"的定义与《烈士褒扬条例》对"烈士"的定义，除去因时代背景不同致使立法语言风格发生变化外，如"革命烈士"中的"我国人民和人民解放军指战员"与"烈士"中的"公民"、"革命烈士"中的"壮烈牺牲"与"烈士"中的"牺牲"、"革命烈士"中"社会主义现代化建设事业中"与"烈士"中的"社会主义建设事业中"等之外，我们不难发现，其实"革命烈士"与"烈士"既有相同之处，又有不同的地方，换言之，"革命烈士"与"烈士"并非同一概念，并不能相互替代使用。在"革命烈士"中，牺牲的历史背景情形共有三种：革命斗争、保卫祖国、社会主义现代化建设事业中；在"烈士"中，牺牲的历史背景情形共有两种：保卫祖国、社会主义建设事业。可见，"革命烈士"与"烈士"的首要相同之处在于，均可能发生在保卫祖国和社会主义建设事业两种类型的历史背景之下；"革命烈士"与"烈士"的首要不同之处在于，"革命烈士"可能发生于革命斗争的历史背景之下，而"烈士"则不可能发生于革命斗争的历史背景之下，只能发生于保卫祖国和社会主义建设事业的历史背景之中。

三、关于"英雄烈士"提法的启用

《中华人民共和国英雄烈士人格利益保护法》重新启用了"英雄烈士"的提法，原因大致如下：第一，制定《中华人民共和国英

雄烈士人格利益保护法》的重要立法目的之一是通过立法方式保护英雄烈士的人格利益，遏制侵害英雄烈士人格利益的侵权行为的再次发生。而在侵权行为人的众多言论中，其侮辱、诽谤、贬损、丑化和以违反社会公共利益、社会公德的方式所侵犯的人格利益的归属主体，既有在保卫祖国和社会主义建设中牺牲的"烈士"，也有在革命斗争中牺牲的"革命烈士"。"革命烈士"和"烈士"同时成为了历史虚无主义"虚无"的主要对象，"革命烈士"的人格利益和"烈士"的人格利益同时都亟须得到法律的专项保护，因此，启用"英雄烈士"的提法，意在同时涵摄"革命烈士"和"烈士"，更加周全地保护"革命烈士"和"烈士的人格利益"。

第九条〔批准情形〕 有下列情形之一的，批准为英雄烈士：

（一）对敌作战牺牲或对敌作战负伤后因伤死亡的；

（二）对敌作战致成残疾后不久因伤口复发死亡的；

（三）在作战前线担任向导、修建工作、救护伤员、执行运输等战勤任务牺牲，或者在战区守卫重点目标牺牲的；

（四）因执行革命任务遭敌人杀害，或者被敌人俘虏、逮捕后坚贞不屈遭敌人杀害或受折磨致死的；

（五）为保卫或抢救人民生命、国家财产和集体财产壮烈牺牲的。

第十条〔批准机关〕 英雄烈士施行批准制度，分别由下列机关批准：

（一）因战牺牲的，现役军人是团级以上政治机关，其他人员是县、市、区人民政府；

（二）因公牺牲的，现役军人是军级以上政治机关，其他人员是省、自治区、直辖市人民政府。

第十一条〔例外情形〕 本法第九条规定以外的牺牲人员，如果事迹特别突出，足为后人楷模的，也可以批准为英雄烈士。

前款英雄烈士的批准机关，现役军人为中国人民解放军总政治部，其他人员为民政部。

第十二条 ［英雄烈士证书］   经批准为英雄烈士的，由民政部向英雄烈士近亲属颁发《英雄烈士证明书》。

第十三条 ［英雄烈士英名录］   各级人民政府应当搜集、整理、陈列英雄烈士的遗物和斗争史料，编印《英雄烈士英名录》，大力宣扬英雄烈士的高尚品质。

说明：第九条至第十二条是对已经失效的《英雄烈士褒扬条例》第三条至第七条的恢复，其中虽有个别表述方式的改动，但不影响原意。鉴于上述条文系对原行政法规的恢复性借鉴，且关于第八条的说明已充分论述重新启用"英雄烈士"提法的必要性和重要性，故对上述条文的说明此处不赘。

第三章   英雄烈士的人格利益及保护

第十四条 ［利益范围］   英雄烈士享有姓名、名誉、荣誉、肖像、隐私等人格利益。

说明：本条是关于英雄烈士所享有的人格利益的范围的规定。在确定英雄烈士的人格利益的范围时，《中华人民共和国英雄烈士人格利益保护法》严格遵循现行法律和司法解释的规定，注重与现行法律和司法解释的协调，认为对英雄烈士人格利益的保护，就保护的方法或技术方案而言应实行特殊的、专项的保护，但就人格利益的具体范围而言，英雄烈士应与其他普通死者享有相同的人格利益。《中华人民共和国英雄烈士人格利益保护法》根据我国现行法律和司法解释对自然人所享有的人格权益的范围的规定，确定英雄烈士享有姓名、名誉、荣誉、肖像、隐私等人格利益。

一、我国现行法律和司法解释对自然人享有的人格权益的规定

（一）1986 年《民法通则》

扮演民事基本法色彩的《民法通则》第九十八条规定自然人享有生命健康权，第九十九条规定自然人享有人格权，第一百条规定自然人享有肖像权，第一百零一条规定自然人享有名誉权，第一百零二条规定自然人享有荣誉权。

（二）1988 年《最高人民法院关于贯彻执行〈中华人民共和国民法通则〉若干问题的意见（试行）》

该司法解释第一百三十九条、第一百四十条和第一百四十一条规定了自然人的肖像权、名誉权和姓名权。

（三）1997 年《最高人民法院关于贯彻执行〈民法通则〉若干问题的意见（修改稿）》

该司法解释除第一百五十八条、第一百五十九条、第一百六十条、第一百六十一条和第一百六十二条重申《民法通则》所规定的自然人享有的肖像权、名誉权、荣誉权和姓名权外，尚有两点值得格外关注：第一，该司法解释第一百六十条规定，以书面、口头等形式宣扬他人的隐私，造成一定影响的，应当认定侵害公民名誉权的行为。因此，该司法解释已经注意到自然人的隐私应受法律保护，但又认为自然人的隐私并非一种独立的权利类型，而是名誉权的组成部分。第二，该司法解释使用了"以侮辱或者恶意丑化的形式使用他人肖像"、"以书面、口头等形式宣扬他人的隐私，或者捏造事实公然丑化他人人格，以及用侮辱、诽谤等方式损害他人名誉"等表述方式，并没有将肖像、隐私、人格、名誉等享有者仅限于生前的自然人，或者说，并没有排除死者享有肖像、隐私、人格、名誉等民事利益的可能性。实际上，该司法解释在列举式规定侵害肖像、隐私、人格和名誉等民事利益的侵权行为类型之后，紧

接着在第一百六十一条规定"公民死亡的，其名誉受到侵害，使其配偶、父母、子女或者其他人员受到损害的，受害人可以提起诉讼"。综合该司法解释第一百六十一条的规定可以看出，死者的名誉可能成为侵权的对象，但死者的近亲属提起诉讼的原因并不在于死者的名誉受到侵害，而是近亲属本人受到损害。

（四）2001 年《最高人民法院关于确定民事侵权精神损害赔偿责任若干问题的解释》

该司法解释第一条规定自然人享有三种类型的人格权利：1. 生命权、健康权、身体权；2. 姓名权、肖像权、名誉权、荣誉权；3. 人格尊严权、人身自由权。

（五）2009 年《侵权责任法》

该法第二条规定，民事权益包括生命权、健康权、姓名权、名誉权、荣誉权、肖像权、隐私权等人身权益。需要提及的是，在该法当中，隐私权已经成为一种独立的民事权益类型，而不再是名誉权的组成部分了。

（六）2014 年《最高人民法院关于审理利用信息网络侵害人身权益民事纠纷案件适用法律若干问题的规定》，第一条规定人身权益包括姓名权、名称权、名誉权、荣誉权、肖像权、隐私权等

二、英雄烈士作为死者应享有的人格利益

根据上述法律和司法解释的规定，可以看出自然人所享有的人格权益共包括生命权、健康权、身体权、姓名权、肖像权、名誉权、荣誉权、隐私权、人格尊严权和人身自由权等民事权益。但英雄烈士作为死者，不可能也没有必要享有生命权、健康权、身体权和人身自由权等民事权益；同时，按照目前民法学界的通说，人格尊严权并非一种独立类型的、具体的人格权益，而是人格权益的核心，属于一般人格权益的范畴，故不再予以单独列举。综上，英雄

烈士所享有的人格利益应该是姓名、肖像、名誉、荣誉、隐私；为预防挂一漏万并适用未来民法学说和民事判例的发展，《中华人民共和国英雄烈士人格利益保护法》在列举英雄烈士所享有的人格利益时，应在列举末尾加以"等"字，以起到兜底的作用。

第十五条〔侵权类型〕 禁止以下列行为侵害英雄烈士的人格利益：

（一）以侮辱、诽谤、贬损、丑化或者违反社会公共利益、社会公德的方式，侵害英雄烈士的姓名、肖像、名誉和荣誉的；

（二）非法披露、利用英雄烈士隐私，或者以违反社会公共利益、社会公德的其他方式侵害英雄烈士隐私的；

（三）非法利用、损害英雄烈士遗体、遗骨，或者以违反社会公共利益、社会公德的其他方式侵害英雄烈士遗体、遗骨的。

公民行使言论自由权利或进行学术研究活动时，不得以上述行为方式侵害英雄烈士的人格利益。

说明：本条是关于侵害英雄烈士人格利益行为的禁止性规定。

一、关于侵害英雄烈士人格利益的行为类型

本条第一款及其第（一）至（三）项的规定，系对《最高人民法院关于确定民事侵权精神损害赔偿责任若干问题的解释》第三条的援引，鉴于该司法解释生效较早，且在司法审判实践当中获得一致好评，司法机关也早已进行阐释，故此处不赘。

二、关于言论自由或学术活动与英雄烈士人格利益保护之间的关系

在司法审判实践中，发表侵害英雄烈士人格利益言论从而侵害英雄烈士人格利益的行为人大都主张自己的行为或者系对言论自由权利的行使，或者是进行学术研究活动从而抗辩自己的行为并不构

成侵权，因此，《中华人民共和国英雄烈士人格利益保护法》在本条当中特别单列一款予以强调，规定公民行使言论自由权利或进行学术研究活动时，不得以第一款所列的行为方式侵害英雄烈士的人格利益。具体而言，依法保护当事人的言论自由是我国现行法律的明确规定，也是人民法院审理涉及英雄烈士人格利益言论侵害英雄烈士人格利益民事纠纷案件须着重考虑的重要因素之一。从民法的角度看，表达自由已经成为民事主体一般人格尊严的重要内容。侵害英雄烈士人格利益的言论常常在形式上表现为学术文章，判断侵害英雄烈士人格利益言论是否构成侵权将涉及发表侵害英雄烈士人格利益言论的行为人的言论自由。但是，必须特别注意的是，言论自由并非没有边界，如果超出合理的限度，则会侵害他人的合法权益以及更为重要的社会公共利益。

《中华人民共和国英雄烈士人格利益保护法》认为，学术自由、言论自由应以不侵害他人合法权益、社会公共利益和国家利益为前提。这是我国宪法所确立的关于自由的一般原则，是为言论自由和学术自由所划定的边界。任何公民在行使言论自由、学术自由及其他自由时，都负有不得超过自由界限的法定义务。这是法治国家和法治社会对公民的基本要求，也是任何一个公民应当承担的社会责任。英雄烈士及其形象、事迹和精神，所凝聚的民族感情和历史记忆以及所展现的民族精神，是当代中国社会主义核心价值观的重要来源和组成部分，具有巨大的精神价值，也是我国作为一个民族国家所不可或缺的精神内核。对英雄烈士人格利益的损害，既是对英雄烈士本人人格利益的损害和英雄烈士近亲属情感利益的损害，也是对中华民族的精神价值的损害。发表侵害英雄烈士人格利益言论的行为人，完全可以在不损害英雄烈士人格利益和英雄烈士近亲属情感利益的前提下，自由地进行学术研究和自由发表言论，包括对英雄烈士英雄事迹的某些细节进行研究，但情形往往是，发表侵害英雄烈士人格利益言论的行为人却未采用法律所允许的方式，而是通过所谓的细节研究，甚至与信息网络撒谎上的小部分污蔑性谣言相呼应，质疑英雄烈士在革命斗争、保卫祖国和社会主义现代化建设事业中壮烈牺牲的基本事实，颠覆英雄烈士的英勇形象，贬损、降低英雄烈士的人格评价。这种"学术研究"、"言论自由"不可避免地会侵害英雄烈士的人格利益，以及融入了这种人格利益的社会公共利益。因此，公民行使言论自由权利或进行学术研究活动时，不得以该条第一款所列的行为方式侵害英雄烈士的人格利益。

第十六条 ［近亲属诉权之保护英雄烈士的人格利益］ 英雄烈士的人格利益遭受侵害的，英雄烈士的配偶、父母和子女有权提起民事诉讼；没有配偶、父母和子女的，其他近亲属有权提起民事诉讼。

第十七条 ［近亲属之保护近亲属本人的情感利益］ 英雄烈士的近亲属因侵害英雄烈士人格利益的侵权行为而遭受精神痛苦，向人民法院提起精神损害赔偿请求的，人民法院应当予以支持。

说明：第十六条和第十七条是关于英雄烈士近亲属享有诉权的规定。

在现行法律和司法解释中，有关于死者近亲属为保护死者人格利益和填补自身所遭受精神损害从而享有诉权的一般规定。1993年《最高人民法院关于审理名誉权案件若干问题的解答》第五条规定，死者名誉受到损害的，其近亲属有权向人民法院起诉，近亲属包括：配偶、父母、子女、兄弟姐妹、祖父母、外祖父母、孙子女、外孙子女。2001年《最高人民法院关于确定民事侵权精神损害赔偿责任若干问题的解释》第三条第一款规定，自然人死亡后，其近亲属因侵权行为遭受精神痛苦，向人民法院起诉请求赔偿精神损害的，人民法院应依法予以受理；第七条规定，自然人死亡后其人格或者遗体遭受侵害，死者的配偶、父母和子女向人民法院起诉请求赔偿精神损害的，列其配偶、父母和子女为原告；没有配偶、父母和子女的，可以由其他近亲属提起诉讼，列其他近亲属为原告。2003年《最高人民法院关于审理人身损害赔偿案件适用法律若干问题的解释》第二条第二款规定，赔偿权利人是指因侵权行为或者其他致害原因直接遭受人身损害的受害人、依法由受害人承担扶养义务的被抹养人以及死亡受害人的近亲属；第十八条规定，受害人或者死者近亲属遭受精神损害，赔偿权利人向人民法院请求赔偿精神损害抚慰金的，适用《最高人民法院关于确定民事侵权精神损害赔偿责任若干问题的解释》予以确定。2009年《侵权责任法》第十八条规定，被侵权人死亡的，其近亲属有权请求侵权人承担侵权责任。2010年《最高人民法院关于审理铁路运输人身损害赔偿纠纷案件适用法律若干问题的解释》第二条规定，铁路运输人身损害的受害人、依法由受害人承担扶养义务的被扶养人以及死亡受害人的近亲属为赔偿权利人，有权请求赔偿。2014年《最高人民法院关于适用〈中华人民共和国民事诉讼法〉的解释》第八十五条的规定，可以担任诉讼代理人近亲属包括与当事人有夫妻、直系血亲、三代以内旁系血亲、近姻亲关系以及其他有抚养、赡养关系的亲属。

　　从上述法律和司法解释的规定可以看出，英雄烈士的人格利益遭受侵权行为的侵害时，由于英雄烈士已经死亡，无法向人民法院起诉以保护自身的人格利益，法律因此赋予英雄烈士的近亲属以诉权。赋予英雄烈士近亲属以诉权时，须格外注意的问题有二：一是英雄烈士近亲属的范围。虽然法律和司法解释频繁使用"近亲属"这一概念，但这个概念的外延在不同的法律和司法解释中也并不尽然相同，有时是指配偶、父母和子女；有时是指配偶、父母、子女、兄弟姐妹、祖父母、外祖父母、孙子女、外孙子女；有时又以"其他近亲属"这一抽象概念补充配偶、父母和子女。考虑到部分英雄烈士牺牲于距今较近的社会主义现代化建设事业过程中，部分英雄烈士牺牲于距今较远的革命斗争和保卫祖国的过程中，英雄烈士的配偶、父母和子女甚至已经去世的事实和可能，在赋予英雄烈士近亲属以诉权时，不宜仅将近亲属界定为配偶、父母和子女，还应赋予其他近亲属以诉权。同时，鉴于配偶、父母和子女为英雄烈士最为直接的近亲属，在保护英雄烈士人格利益时应保证配偶、父母和子女的优先顺位，故规定英雄烈士的人格利益遭受侵害的，英雄烈士的配偶、父母和子女有权提起民事诉讼；没有配偶、父母和子女的，其他近亲属有权提起民事诉讼。二是英雄烈士近亲属行使诉权所试图保护的利益。在上述法律和司法解释中，英雄烈士的近亲属行使诉权、提起民事诉讼，所试图保护的利益既可以是英雄烈士的人格利益，也可以是近亲属本人因英雄烈士人格利益遭受侵害而受到的精神损害。因此，对英雄烈士近亲属赋予诉权其情形当然也有对应的两种类型：一是为保护英雄烈士的人格利益，英雄烈士的近亲属行使诉权、提起民事诉讼；二是为保护英雄烈士近亲属本人的精神或情感利益而行使诉权、提起诉讼，因此《中华人民共和国英雄烈士人格利益保护法》还规定英雄烈士的近亲属因侵害英雄烈士人格利益的侵权行为而遭受精神痛苦，向人民法院提起精神损害赔偿请求的，人民法院应当予以支持。

第十八条 ［英雄烈士纪念设施的保护管理］ 禁止以侵占、破坏、污损等方式损害英雄烈士纪念设施。对英雄烈士纪念设施的保护管理，由国务院或国务院民政部门作出具体规定。

说明：本条是关于保护和管理英雄烈士纪念设施的规定。

为纪念英雄烈士专门修建的陵园、堂馆、碑亭、塔祠、塑像、骨灰堂、墓等，是英雄烈士人格利益的重要物质载体和具体体现；同时，加强英雄烈士纪念设施的保护管理，对褒扬烈士，弘扬爱国主义、集体主义精神和社会主义道德风尚，对促进社会主义精神文明建设均具有重大意义。因此，侵占、破坏、污损等损害英雄烈士纪念设施的行为，不仅可能侵害到英雄烈士的人格利益，而且也有可能贬损、降低英雄烈士精神并进而损害社会公共利益，《中华人民共和国英雄烈士人格利益保护法》着实应对该种行为进行调整。但考虑到民政部已于2013年制定了单行部委规章《烈士纪念设施保护管理办法》，新制定的《中华人民共和国英雄烈士人格利益保护法》只宜作出原则性的规定，具体的规定则交由国务院或国务院民政部门来完成。

第四章　民事公益诉讼

第十九条〔民事公益诉讼〕　侵害英雄烈士人格利益，从而损害社会公共利益的，法律规定的国家机关和社会组织可以向人民法院提起保护英雄烈士人格利益的民事公益诉讼。

第二十条〔社会组织资格〕　提起保护英雄烈士人格利益民事公益诉讼的社会组织，其章程确定的宗旨和主要业务范围应是维护社会公共利益且从事历史学术研究活动。

第二十一条〔级别管辖〕　保护英雄烈士人格利益的民事公益诉讼应由中级人民法院管辖，各高级人民法院可以根据本地实际情况，确定审理保护英雄烈士人格利益民事公益诉讼案件的中级人民法院，中级人民法院指定由基层人民法院审理，应取得高级人民法院的同意。

第二十二条〔举证责任〕　提起保护英雄烈士人格利益民事公益诉讼的社会组织，应当向人民法院提交被告的行为已经损害社会公共利益或者具有损害社会公共利益重大风险的初步证据材料。

第二十三条〔诉讼竞合〕　因同一侵权行为，法定国家机关或社会组织已提起保护英雄烈士人格利益民事公益诉讼的，不影响英雄烈士的近亲属就其因该侵权行为所受损害而提起的民事诉讼。

第二十四条 ［调解条件］　保护英雄烈士人格利益的民事公益诉讼，当事人可以和解，人民法院可以调解。当事人达成和解或者调解协议后，人民法院应当将和解或者调解协议进行公告，公告期间不得少于三十日。公告期满后，人民法院经审查，和解或者调解协议不违反社会公共利益的，应当出具调解书；和解或者调解协议违反社会公共利益的，不予出具调解书，继续对案件进行审理并依法作出裁判。

第二十五条 ［支持主体］　特定国家机关和社会组织有权以提供咨询、提供书面法律意见书、协助调查取证等方式依法支持保护英雄烈士人格利益的民事公益诉讼。

第二十六条 ［牟利禁止］　提起保护英雄烈士人格利益民事公益诉讼的社会组织不得借诉讼牟取经济利益。

说明：本章是关于保护英雄烈士人格利益民事公益诉讼制度的规定，也是《中华人民共和国英雄烈士人格利益保护法》的创设性规定。

伴随着北京市两级人民法院对黄某、洪某某与郭某某名誉权纠纷案和黄某、洪某某与梅某某名誉权纠纷案，特别是葛某某、宋某某与洪某某名誉权纠纷案的审理，对英雄烈士人格利益的保护，已经从学术争论的场域进入至司法诉讼的环节，昭显出以法治思维和法治方式保护英雄烈士人格利益的开始。既然还只是处于开始阶段，便必然会遭遇种种理论难题和实践瓶颈，破解难题、打破瓶颈首先需要理论上和制度上的大胆创新。北京市两级人民法院所审理的涉及英雄烈士人格利益的四起民事侵权案件，特别是北京市西城区人民法院所审理的葛某某、宋某某与洪某某名誉权纠纷案件，它所遭遇的理论难题和实践瓶颈，是从案件本身出发而意义又远胜于案件本身的、以法治思维和法治方式保护英雄烈士人格利益终究要面对的一项理论和实践困难：若"狼牙山五壮士"没有后人或其后人不愿意提起诉讼的时候，又如何在法律上阻止丑化、矮化"狼牙山五壮士"英雄人物和英雄事迹的侵权行为？或者在一般意义上说，尽管侵害英雄烈士人格利益的行为伤害了社会公众的民族情感和历史情感，尽管侵害英雄烈士人格利益的行为损害了社会的公共利益，但因缺少法律上的直接利害关系人，致使无法提起诉请审判机关判令停止侵害英雄烈士人格利益的行为的诉讼，或虽有法律上的直接利害关系人，但该利害关系人不愿提起诉请审判机关判令停止侵害英雄烈士人格利益的行为的诉讼，我们又该如何以法治思维和法治方式来保护英雄烈士人格利益？

　　制定《中华人民共和国英雄烈士人格利益保护法》，更好地以法治思维和法治方式保护英雄烈士人格利益，更好地维护社会公众的民族情感和历史情感以及社会公共利益，须创设保护英雄烈士人格利益的民事公益诉讼制度。

一、民事公益诉讼的基本特征及其在我国的既有实践

　　顾名思义，公益诉讼是指维护公共利益的诉讼，具体而言，它是指有关国家机关、社会团体和公民个人，对违反法律、法规并侵犯国家利益、社会利益或不特定多数人的利益的行为，向法院提起诉讼，由法院依法追究其法律责任的诉讼活动。以诉讼对象为区分标准，公益诉讼可具体分类为民事公益诉讼和行政公益诉讼，前者是指对民事主体的民事违法行为提起的诉讼，后者是指对行政主体的行政违法行为提起的诉讼。公益诉讼制度起源于西方国家（一般认为美国是公益诉讼制度的创始国），大约在 20 世纪 80 年代被引介到我国，经由学术争论和实践探索，目前已经成为我国一项非常重要的诉讼法律制度。

（一）民事公益诉讼的基本特征

　　与刑事诉讼和行政诉讼相比较，特别与一般民事诉讼相比较，

民事公益诉讼通常具有以下几个方面的显著特征：

第一，民事公益诉讼以维护社会公共利益为目的，以实现公共利益最佳化为宗旨。一般民事诉讼往往旨在解决私人之间的民事纠纷，以维护私人的私益为目的。虽然一般民事诉讼的目的中也包含着维护社会公共利益的内容，但一般民事诉讼对社会公共利益的维护需借助于维护私人利益的方式并因而在最终的意义上实现对公共利益的维护，因此，一般民事诉讼对公共利益的维护只是一种间接方式，其直接目的仍然是对个体私益的一种确认和保护。公益民事诉讼能够区别于一般民事诉讼最本质的特征便是对社会公共利益的一种直接保护，其诉讼请求所涉及的利益是不特定多数社会公众的共同利益。

第二，民事公益诉讼原告为与民事违法行为并不具有直接法律上利害关系的国家机关、社会团体或公民个人。在一般民事诉讼当中，作为最为基本的起诉条件，原告必须是与案件有直接法律上利害关系的公民、法人和其他组织；若原告与案件没有法律上的直接利害关系，审判机关将认定原告的起诉行为不符合法定的起诉条件，并据之作出不予受理的裁定（当然，原告对裁定不服的，可以提起上诉）。而在民事公益诉讼中，作为起诉主体的原告的范围是极其广泛的，它不局限于民事权益遭受损害从而与案件具有直接法律上利害关系的当事人，特定的机关、组织和公民个人均可以公共利益遭受侵害为由向审判机关提起民事诉讼，此时，提起诉讼的特定的机关、组织和公民个人所代表的是国家或者是社会公众。

第三，民事公益诉讼的判决效果往往具有社会性。在一般民事诉讼中，由于审判机关所裁判的诉争往往只关涉到双方当事人的私益，判决的结果局限于对双方当事人之间民事权利和义务的确定和保护，因此只对双方当事人具有法律约束力，它的判决效果也因此更多地表现在当事人范围之内，难以辐射到范围更广的社会领域。

而在民事公益诉讼中，由于原告所试图维护的利益是社会共同利益，涉及不特定多数社会公众的共同的、普通的利益，因此，社会公共利益的公共性、集合性使得民事公益诉讼的判决结果具有了社会性的特征，它不仅对双方当事人产生法律上的约束力，更容易规范和引导社会公众的行为，更能够对公共政策发生影响。就时空角度观察，民事公益诉讼的判决效果不仅对当下产生影响，甚至对未来法律与政策的形成和完善发挥着极为重要的作用。

（二）民事公益诉讼在我国的既有实践

经由学术争论和实践探索，民事公益诉讼在我国已经从一种理论学说发展成一项法律制度，已经成为一种鲜活的法治实践活动。

2012 年修正、2013 年 1 月 1 日施行的《民事诉讼法》第五十五条规定，对污染环境、侵害众多消费者合法权益等损害社会公共利益的行为，法律规定的机关和有关组织可以向人民法院提起诉讼。2013 年新修改、2014 年 3 月 15 日施行的《消费者权益保护法》第四十七条规定，对侵害众多消费者合法权益的行为，中国消费者协会以及在省、自治区、直辖市设立的消费者协会，可以向人民法院提起诉讼，自此我国民事公益诉讼法律制度首先在消费者权益保护领域得以正式确立；紧接着，最高人民法院于 2013 年 12 月 23 日公布了《关于审理食品药品纠纷案件适用法律若干问题的规定》，该规定第十七条第二款规定人民法院在审理食品药品纠纷案件中，消费者协会依法提起公益诉讼的参照适用该规定。2014 年新修订、2015 年 1 月 1 日施行的《环境保护法》第五十八条规定，对污染环境、破坏生态，损害社会公共利益的行为，符合该法规定条件的社会组织可以向人民法院提起诉讼，自此，我国又建立了环境民事公益诉讼制度。同时，为了保证人民法院正确审理环境民事公益诉讼和消费民事公益诉讼案件，最高人民法院又分别于 2015 年 1 月 6 日和 2016 年 5 月 1 日公布了《关于审理环境民事公益诉讼案件适用法律若干问题的解释》和《关于审理消费民事公益诉讼案件适用法律若干问题的解释》，环境民事公益诉讼和消费民事公益诉讼的制度设计愈加精致。2015 年 1 月 30 日，最高人民法院公布了《关于适用〈中华人民共和国民事诉讼法〉的解释》，该解释设置专节对公益诉讼作出了规定。在此期间，特别值得一提的是，根据 2015 年 5 月 5 日中央全面深化改革领导小组第十二次会议审议通过的《检察机关提起公益诉讼改革试点方案》，全国人大常委会于 2015 年 7 月 1 日通过了《关于授权最高人民检察院在部分地区开展公益诉讼试点工作的决定》，该决定授权最高人民检察院在十三个省、自治区、直辖市内，在生态环境和资源保护、国有资产保护、国有土地使用权出让、食品药品安全等领域开展为期两年的提起公益诉讼的试点工作。自此，我国民事公益诉讼的范围被大大扩展了。

比较、综合我国既有的民事公益诉讼实践，可以发现目前该制度具有以下几个方面的特征：

第一，民事公益诉讼的目的是保护社会公共利益。在消费民事公益诉讼中，被诉的行为是经营者侵害众多不特定消费者合法权益或者具有危及消费者人身、财产安全危险等损害社会公共利益的行为；在环境民事公益诉讼中，被诉的行为是已经损坏社会公共利益或者具有损害社会公共利益重大风险的污染环境、破坏生态的行为；在检察机关提起的民事公益诉讼中，被诉的行为是污染生态环境、危害食品药品安全等侵害社会公共利益的行为。可见，民事公益诉讼中，被诉行为均具有侵害社会公共利益的属性，民事诉讼的直接目的就在于保护社会公共利益。

第二，民事公益诉讼的原告是特定国家机关和社会组织，公民个人不能提起民事公益诉讼。在消费民事公益诉讼中，能够作为原告提起诉讼的只能是中国消费者协会以及在省、自治区、直辖市设立的消费者协会；在环境民事公益诉讼中，能够作为原告提起诉讼的只能是依照法律、法规的规定，在所设区的市以上人民政府民政部门登记的社会团体、民办非企业单位以及基金会等社会组织；在检察机关提起的民事公益诉讼中，原告就是以"公益诉讼人"身份出现的各级检察机关。

第三，原告所维护的社会公共利益，必须与原告的宗旨或业务范围具有关联性。在消费公益诉讼中，作为原告的中国消费者协会以及在省、自治区、直辖市设立的消费者协会，它们是保护消费者合法权益的全国性和地方性社会团体，保护消费者合法权益是其重要宗旨；在环境公益诉讼中，作为原告的社会组织必须是专门从事环境保护公益活动的维护社会公共利益的社会组织；在检察机关提起的民事公益诉讼中，作为法律监督机关的检察机关，以"公益诉讼人"的国家机关的身份代表国家。

第四，民事公益诉讼案件一般由中级人民法院管辖第一审。公益诉讼案件应由侵权行为地或者被告住所地中级人民法院管辖。在消费公益诉讼中，经最高人民法院批准，高级人民法院可以根据本辖区实际情况，在辖区内确定部分中级人民法院受理第一审消费民事公益诉讼案件；在环境公益诉讼中，第一审案件由污染环境、破坏生态行为发生地、损害结果地或者被告住所地的中级以上人民法院管辖，中级人民法院认为确有必要的，可以在报请高级人民法院批准后，裁定将本院管辖的第一审环境民事公益诉讼案件交由基层人民法院管辖。经最高人民法院批准，高级人民法院可以根据本辖区环境和生态保护的实际情况，在辖区内确定中级人民法院受理第一审环境民事公益诉讼案件。

第五，原告负有提交被告的行为已经损害社会公共利益或者具有损害社会公共利益重大风险的初步证据材料的义务。在消费公益诉讼中，原告应当提交被告的行为侵害众多不特定消费者合法权益或者具有危及消费者人身、财产安全等损害社会公共利益的初步证据；在环境民事公益诉讼中，原告应当提交被告的行为已经损害社会公共利益或者具有损害社会公共利益重大风险的初步证明材料。

第六，特定国家机关和社会组织有权依法支持民事公益诉讼。在环境公益民事诉讼中，检察机关、负有环境保护监督管理职责的部门及其他机关、社会组织、企业事业单位依据民事诉讼法第十五条的规定，可以通过提供法律咨询、提交书面意见书、协助调查取证等方式支持社会组织依法提起环境民事公益诉讼。根据全国人大常委会《关于授权最高人民检察院在部分地区开展公益诉讼试点工作的决定》，在生态环境和资源保护、国有资产保护、国有土地使用权出让、食品药品安全等领域，检察机关在提起民事公益诉讼之前，应当依法支持法律规定的机关或有关组织向人民法院提起民事公益诉讼。

第七，当事人可以和解，人民法院可以调解。在民事公益诉讼中，根据《最高人民法院关于适用〈民事诉讼法〉的解释》第二百八十九条第二、三和四款的规定，当事人可以和解，人民法院可以调解。当事人达成和解或者调解协议后，人民法院应当将和解或者调解协议进行公告，公告期间不得少于三十日。公告期满后，人民法院经审查，和解或者调解协议不违反社会公共利益的，应当出具调解书；和解或者调解协议违反社会公共利益的，不予出具调解书，继续对案件进行审理并依法作出裁判。

第八，民事公益诉讼不影响一般民事诉讼的进行。人民法院受理民事公益诉讼案件，不影响同一侵权行为的受害人依法向人民法院提起的一般民事诉讼。在消费民事公益诉讼中，人民法院受理消费民事公益诉讼案件后，因同一侵权行为受到损害的消费者申请参加诉讼的，人民法院应当告知其根据民事诉讼法的规定另行提起一般民事诉讼；在环境民事公益诉讼中，法律规定的机关和社会组织提起环境民事公益诉讼的，不影响因同一污染环境、破坏生态行为受到人身、财产损害的公民、法人和其他组织依照民事诉讼法提起的一般民事诉讼。

第九，民事公益诉讼不得牟取经济利益。特定国家机关和社会组织提起民事公益诉讼不得以牟取经济利益为目的。在消费民事公益诉讼中，原告及其代理人对侵权行为进行调查、取证的合理费用、鉴定费用、合理的律师代理费用，人民法院可以根据实际情况予以相应支持；在环境民事公益诉讼中，社会组织有通过诉讼违法收受财物等牟取经济利益行为的，人民法院可以根据情节轻重依法收缴其非法所得、予以罚款；涉嫌犯罪的，依法移送有关机关处理。同时，对于通过诉讼牟取经济利益的社会组织，人民法院应当向登记机关或者有关机关发送司法建议，由其依法处理。

二、以民事公益诉讼方式保护英雄烈士人格利益的必要性和可行性

《中华人民共和国英雄烈士人格利益保护法》以民事公益诉讼的方式保护英雄烈士人格利益，既有必要，又为可行，前者契合全面推进依法治国宏大背景下法治思维和法治方式的体现和运用，后者得益于民事公益诉讼的基本原理和其在我国既有的实践经验。

（一）民事公益诉讼对社会公共利益的维护，能够预防侵害英雄烈士人格利益行为对社会公共利益的侵害

民事公益诉讼之所以冠以"公益"之名，在于其注重以诉讼的方式维护社会的公共利益，而侵害英雄烈士人格利益行为的危害，恰恰是构成了对社会公共利益的侵害。侵害英雄烈士人格利益行为通常是以否定的形式出现，表现为对历史上某些人物、事件和思想的否定；成为其否定对象的人物、事件或思想，当然并非普通意义上的人物、事件或思想，它们往往是中国革命、建设和改革开放过

程中具有代表性和典型性的人物、事件或思想。对它们的否定，不仅仅是直接否定了它们自身，同时还间接地否定了它们所代表、所体现的中国革命、建设和改革开放的历史；更由于中国革命、建设和改革开放的历史是一部中国共产党领导全国各族人民创立、发展和完善社会主义制度的历史，侵害英雄烈士人格利益行为所意欲否定的对象，便包括了中国共产党的领导和社会主义制度。

问题的关键在于，这些能够代表、体现中国革命、建设和改革开放历史的人物、事件或思想，中国共产党带领全国各族人民创立、发展和完善社会主义制度的历史，作为共同的历史记忆，作为普遍的社会共识，已经演化成了社会公众的民族情感和历史情感。因此，侵害英雄烈士人格利益行为所作出的否定性言论或行为，往往形成了对社会公众普遍民族情感和历史情感的伤害，基于民法上公序良俗原则的要求，社会公众普遍的民族情感和历史情感系社会公共利益的组成部分，于是，侵害英雄烈士人格利益行为人的言论或行为，由于伤害了作为社会公共利益的社会公众普遍的民族情感和历史情感，构成了民法上的一种侵权行为类型。

启动民事公益诉讼，以诉讼的方式维护被侵害英雄烈士人格利益言论或行为所侵害的社会公共利益，受理起诉的审判机关将会以判令侵害英雄烈士人格利益的行为人承担民事侵权责任的方式维护社会的公共利益。否定侵害英雄烈士人格利益行为人的否定性言论或行为的民事判决，对于社会公共利益的维护，不仅仅在于对侵害英雄烈士人格利益的行为人的民事制裁，在于借助民事判决的预防功能实现维护社会公共利益的目的。这里的预防功能具有双方面的含义：对于案件中的侵害英雄烈士人格利益的行为人，通过判令其对侵权民事责任的承担，使其不能再一次作出侵权的言论或行为，这可以称为特殊预防；对于案件外的潜在的其他侵害英雄烈士人格利益的行为人，通过案件中侵害英雄烈士人格利益的行为人对其侵权民事责任的承担，使他们不能作出侵权的言论或行为，这可以称为一般预防。民事公益诉讼正是借助诉讼判决的特殊预防和一般预防，有效地维护了侵害英雄烈士人格利益行为所侵害的社会公共利益。

（二）民事公益诉讼对侵害英雄烈士人格利益行为的反对，能够填补无人主张权利的空白

显而易见的是，对于侵害社会公共利益的侵害英雄烈士人格利益行为人的言论或行为，一方面，由于受到侵害的是社会的公共利益，受"公地悲剧"的作用，往往无人愿意向侵害英雄烈士人格利益的行为人主张权利；另一方面，由于侵害英雄烈士人格利益行为所侵害的对象是历史，遭其否定的英雄烈士（包括被直接否定的英雄烈士，也包括由于相关事件或思想被否定从而间接被否定的英雄烈士）常因年代久远或其他原因，致使其或者没有后人，或者难以确定其后人。根据最高人民法院《关于确定民事侵权精神损害赔偿责任若干问题的解释》第三条的规定，自然人死亡后，因以侮辱、诽谤、贬损、丑化或者违反社会公共利益、社会公德的其他方式，侵害死者姓名、肖像、名誉、荣誉，只有其近亲属有权就其遭受的精神痛苦向人民法院提起诉讼，其近亲属之外的其他公民、法人和社会组织无权向人民法院提起诉讼。可见，当侵害英雄烈士人格利益的行为人以侮辱、诽谤、贬损、丑化或者违反社会公共利益、社会公德的其他方式，侵害英雄烈士的名誉和荣誉时，在该英雄烈士没有近亲属或者其近亲属不愿提起诉讼时，对侵害英雄烈士人格利益的行为，将处于无人主张权利的状态。由于人民法院奉行"不告不理"的司法原则，此种无人主张权利状态的长期存在，势必造成侵害英雄烈士人格利益言论或行为民事法律责任的真空，侵害英雄烈士人格利益之风若因此长期处于"脱法"状态，其愈演愈烈将不可避免。

　　启动保护英雄烈士人格利益的民事公益诉讼，允许特定国家机关和社会组织在符合法定条件的前提下，对侵害英雄烈士人格利益的行为人提起民事侵权之诉，在有关英雄烈士的近亲属提起诉讼的时候，民事公益诉讼将与之相互配合、相得益彰；在有关英雄烈士没有近亲属或其近亲属不愿提起诉讼的时候，民事公益诉讼的提起将避免出现侵害英雄烈士人格利益的行为人民事法律责任的真空情形，这对侵害英雄烈士人格利益行为将大有裨益。

（三）以民事公益诉讼方式保护英雄烈士人格利益，是以法治思维和法治方式保护英雄烈士人格利益的具体体现

　　党的十八届四中全会提出了建设中国特色社会主义法治体系和建设社会主义法治国家的全面推进依法治国的总目标，要实现这一总目标，必须要增强全民法治观念，推进法治社会建设。法律的权威源自人民的内心拥护和真诚信仰，人民权益要靠法律保障，法律权威要靠人民维护，因此，在深入开展法治宣传教育的时候，应引导全民自觉守法、遇事找法、解决问题靠法，换言之，深入开展法治宣传教育的目的是要培养全民形成法治思维并以法治方式解决遇到的问题、维护受到侵害的合法权益。在保护英雄烈士人格利益的过程中，理论领域的释疑解惑自然不可或缺且十分必要，但在全面推进依法治国的宏大背景下，运用法治思维和法治方式保护英雄烈士人格利益具有更加富有时代色彩的积极意义：一方面，认为个人私益或者社会公共利益受到侵害者，均应在法治方式之内、在法治轨道之上主张权利，从而构建有秩序的社会主义权利救济体系；另一方面，使社会公众意识到，历史虚无主义及对它的反对，不仅是一种道德现象、理论现象和政治现象，更是一种法律现象，这对社会主义法治意识的培养无疑具有强大的助推作用。实际上，若能运用法治思维和法治方式保护英雄烈士人格利益，视觉效果将更好，辨识力度将更大，说服面积将更广，更兼有正本清源的实质作用。

创设保护英雄烈士人格利益的民事公益诉讼制度，是法治思维和法治方式在理论探争领域的延伸，是对容易出现无人主张权利的社会公共利益给予司法救济的一种制度设计，是以法治思维和法治方式保护英雄烈士人格利益的具体体现。

第五章　法律责任

第二十七条［侵权责任］　侵害英雄烈士人格利益的，应依法承担停止侵害、赔礼道歉、消除影响、恢复名誉、赔偿损失等法律责任。

人民法院在审理民事案件的时候，除可以适用以上法律责任方式外，还可以对侵权行为人予以训诫或责令具结悔过。

说明：本条是关于侵害英雄烈士人格利益的行为人应当承担的侵权责任类型的规定。

《民法通则》第一百三十四条规定，承担民事责任的方式主要有：（一）停止侵害；（二）排除妨碍；（三）消除危险；（四）返还财产；（五）恢复原状；（六）修理、重作、更换；（七）赔偿损失；（八）支付违约金；（九）消除影响、恢复名誉；（十）赔礼道歉。以上承担民事责任的方式，可以单独适用，也可以合并适用。人民法院审理民事案件，除适用上述规定外，还可以予以训诫、责令具结悔过、收缴进行非法活动的财物和非法所得，并可以依照法律规定处以罚款、拘留。《侵权责任法》第十五条规定，承担侵权责任的方式主要有：（一）停止侵害；（二）排除妨碍；（三）消除危险；（四）返还财产；（五）恢复原状；（六）赔偿损失；（七）赔礼道歉；（八）消除影响、恢复名誉。以上承担侵权责任的方式，可以单独适用，也可以合并适用。综合《民法通则》和《侵权责任法》的规定，并结合英雄烈士人格利益遭受侵权的通常情形，

《中华人民共和国英雄烈士人格利益保护法》侵害英雄烈士人格利益的，应依法承担停止侵害、赔礼道歉、消除影响、恢复名誉、赔偿损失等法律责任，并规定人民法院在审理民事案件的时候，除可以适用以上法律责任方式外，还可以对侵权行为人予以训诫或责令具结悔过。

第二十八条 [侵权责任] 以侵占、破坏、污损等方式损害英雄烈士纪念设施的，应依法承担有关法律责任。

说明：本条是关于侵害英雄烈士纪念设施应承担法律责任的规定。

鉴于民政部已制定部委规章《烈士纪念设施保护管理办法》，且对侵占、破坏、污损等损害英雄烈士纪念设施的行为作出了有关规定，因此，《中华人民共和国英雄烈士人格利益保护法》规定应依法承担有关法律责任。

第二十九条 [行政责任] 提起保护英雄烈士人格利益的社会组织借诉讼牟取经济利益，由人民法院或者其行政主管部门依法处理。

说明：本条是关于提请保护英雄烈士人格利益的社会组织借诉讼牟取经济利益应承担法律责任的规定。

在《中华人民共和国英雄烈士人格利益保护法》所创设的民事公益诉讼制度中，明确规定特定社会组织提起民事公益诉讼不得以牟取经济利益为目的，同时，有鉴于该民事公益诉讼制度尚属首创，如何处理其牟取经济利益的行为尚需要具体的制度予以配套，因此，《中华人民共和国英雄烈士人格利益保护法》暂时只能作出由人民法院或者其行政主管部门依法处理的原则性规定。

第三十条 [国家工作人员的责任] 国家工作人员在英雄烈士的批准工作中，有玩忽职守、徇私舞弊、滥用职权等情形的，由有关部门依法处理；构成犯罪的，依法追究刑事责任。

说明：本条是关于国家工作人员应承担相应法律责任的规定，其法理清晰，此处不赘。

第六章　附则

第三十一条　［生效日期］　本法自××××年××月××日起实施。

说明：本条是关于《中华人民共和国英雄烈士人格利益保护法》生效日期的规定。鉴于该法系对保护英雄烈士人格利益法律制度的系统性规定，且需要其他法规的配套，更需要广泛地予以宣传，故不宜在公布之日生效，应在公布之后的一段时间之后施行。

十 《保护英雄烈士人格利益民事公益诉讼法》立法建议稿及简要说明

第一章 总则

第一条〔立法目的、依据〕 为保护英雄烈士的人格利益，弘扬英雄烈士精神，维护社会公共利益，根据《宪法》，制定本法。

说明：本条是关于立法目的和依据的规定。

制定本法，意图创设保护英雄烈士的民事公益诉讼制度，借助国家机关和社会组织提起的民事公益诉讼，保护英雄烈士的人格利益以及由其所融入的社会公共利益，弘扬英雄烈士不畏牺牲的献身精神，激发我国人民实现中华民族伟大复兴的强大精神力量。

第二条〔利益范围、属性〕 英雄烈士享有姓名、肖像、名誉、荣誉、隐私等人格利益，英雄烈士的人格利益是社会公共利益的重要组成部分。

说明：本条是关于英雄烈士人格利益范围和属性的规定。

根据《民法通则》《侵权责任法》和《民事诉讼法》等法律以及《最高人民法院关于确定民事侵权精神损害赔偿责任若干问题的解释》《最高人民法院关于审理人身损害赔偿案件适用法律若干问题的解释》《最高人民法院关于适用〈中华人民共和国民事诉讼

法）的解释》和《最高人民法院关于审理名誉权案件若干问题的解答》等司法解释的规定，英雄烈士作为死者享有姓名、肖像、名誉、荣誉、隐私等人格利益。

英雄烈士的人格利益及建立在其人格利益基础之上的英雄烈士精神，在战争年代，是表征中华女儿不畏强敌、不怕牺牲、英勇奋争精神的具体载体；在和平年代，是体现中华儿女不惧艰难、勇于开拓、敢于创新的形象空间。在革命战争、保护祖国和社会主义现代化建设事业中壮烈牺牲的英雄烈士及其精神，已经成为了中华民族的共同的历史记忆，是中华儿女共同的宝贵的精神财富，已经衍生为社会公众的民族情感和历史情感，从而构成了社会公共利益的重要组成部分。

第三条 ［诉讼创设、主体］   本法规定的国家机关和社会组织，对已经损害社会公共利益或者具有损害社会公共利益重大风险的侵害英雄烈士人格利益的行为，可以向人民法院提起保护英雄烈士人格利益民事公益诉讼（以下简称"民事公益诉讼"）。

说明：本条是关于创设保护英雄烈士人格利益民事公益诉讼制度和诉讼主体的规定。

根据《立法法》第八条的规定，诉讼制度只能制定为法律，不能以法规、规章和司法解释的方式创设，因此，创设保护英雄烈士人格利益的民事公益诉讼制度，赋予法定的国家机关和社会组织以提起民事公益诉讼的诉权，需要由全国人大常委会制定法律予以规定。同时，一方面为实现对英雄烈士人格利益及社会公共利益的有效保护；另一方面又不致民事公益诉讼的诉权被滥用，维系民事诉讼主体理论和制度的基本架构，本法只赋予本法所规定的国家机关和社会组织以诉权，未赋予其他国家机关、社会组织尤其是未赋予自然人个人以提起民事公益诉讼的诉权。需要格外说明的是，创设公益诉讼制度，是以维护社会公共利益为目的，因此，只能对既侵害英雄烈士的人格利益同时又损害社会公共利益的行为提起民事公益诉讼；只侵害了英雄烈士的人格利益、尚未损害社会公共利益的，不能提起民事公益诉讼。当然，这里的损害社会公共利益，按照侵权法的基本法理，包括现实已发生的损害和有发生损害重大风险两种情形。

第四条〔牟利禁止〕　国家机关和社会组织提起民事公益诉讼应以维护社会公共利益为目的，不得通过民事诉讼牟取经济利益。

说明：本条是关于禁止国家机关和社会组织借助民事公益诉讼牟取经济利益的规定。

之所以创设保护英雄烈士人格利益的民事公益诉讼制度，在于英雄烈士的人格利益系社会公共利益的重要组成部分，侵害英雄烈士人格利益者，大都同时损害了社会的公共利益。因此，为维护社会的公共利益，本法赋予国家机关和社会组织以提起民事公益诉讼的权利。国家机关和社会组织提起民事公益诉讼自然只能以维护社会公共利益为目的，不以牟取本机关和组织的自身利益为目的；若允许其通过诉讼牟取经济利益，则势必扭曲公益诉讼的制度旨趣，从而无助于社会公共利益的维护。

第五条〔普通诉讼〕　国家机关和社会组织提起民事公益诉讼的，不影响英雄烈士近亲属因同一行为就英雄烈士所受损害或其本人所受损害依法提起民事诉讼。

说明：本条是关于普通诉讼及普通诉讼与公益诉讼之间关系的规定。

根据《民事诉讼法》《最高人民法院关于确定民事侵权精神损害赔偿责任若干问题的解释》《最高人民法院关于审理人身损害赔偿案件适用法律若干问题的解释》《最高人民法院关于适用〈中华人民共和国民事诉讼法〉的解释》和《最高人民法院关于审理名誉权案件若干问题的解答》等法律和司法解释的规定，英雄烈士的人格利益遭受侵害的，英雄烈士的近亲属可为保护英雄烈士的人格利益而依法提起民事诉讼；同时，若英雄烈士的近亲属因侵害英雄烈士人格利益的行为而遭受精神痛苦的，也可以为保护自身的精神利益而依法提起民事诉讼。总言之，英雄烈士近亲属可提起不同于民事公益诉讼的以保护私益为目的的普通民事诉讼。英雄烈士近亲属所提起的普通民事诉讼，系为了保护英雄烈士的人格利益及其本人的精神利益；国家机关和社会组织所提起民事公益诉讼，是出于保护社会公共利益的需要。两种诉讼保护的利益属性不同，可以兼容，不能因国家机关和社会组织提起民事公益诉讼而剥夺英雄烈士近亲属作为普通当事人提起普通民事诉讼的权利。

第二章 公益诉讼的提起

第一节 国家机关提起公益诉讼

第六条 [公益诉讼人] 检察机关对已经损害社会公共利益或者具有损害社会公共利益重大风险的侵害英雄烈士人格利益的行为，可以公益诉讼人的身份向人民法院提起民事公益诉讼。

第七条 [诉前程序] 检察机关在提起民事公益诉讼前，可依法督促或者支持本法规定的其他国家机关和社会组织向人民法院提起民事公益诉讼。

第八条 [公益诉讼] 经诉前程序，本法规定的其他国家机关和社会组织没有向人民法院提起公益诉讼，社会公共利益仍处于受侵害状态的，检察机关可以提起民事公益诉讼。

第九条 [诉讼费用] 检察机关提起民事公益诉讼的，免缴诉讼费用。

说明：第六至九条是关于检察机关提起民事公益诉讼的规定。

检察机关是我国的法律监督机关，其法律监督职能的发挥，对维护宪法法律权威、维护社会公平正义、维护国家和社会公共利益有着不可替代的作用。因此，为维护我国的社会公共利益，应赋予检察机关以提起保护英雄烈士人格利益民事公益诉讼的主体资格。检察机关提起民事公益诉讼，其诉讼权利系其法律监督职能的体现，因此它的身份也不同于民事公益诉讼中作为原告的其他国家机关和社会组织。根据最高人民检察院检察长曹建明 2015 年 6 月 24 日在第十二届全国人大常委会第十五次会议上所作的对《关于授权最高人民检察院在部分地区开展公益诉讼改革试点工作的决定（草案）》的说明，检察机关在民事公益诉讼中可称为"公益诉讼人"。同时，由于检察机关具有法律监督机关的法律属性，其职责权限应以"监督"为核心要义，不宜未加任何限制而直接提起民事公益诉讼，本法因此设置检察机关督促或支持其他国家机关和社会组织提起民事公益诉讼的诉前职权；经过诉前程序，其他国家机关和社会组织没有向人民法院提起民事公益诉讼，社会公共利益仍处于受侵害状态的，检察机关方可以提起民事公益诉讼。最后，需要特别说明的是，检察机关提起民事公益诉讼，系法律监督职权的行使，如同其在刑事诉讼和普通民事诉讼中提起诉讼或提出抗诉，人民法院不应向其收取诉讼费用。

第十条［其他国家机关］　除检察机关外，县级以上人民政府民政部门和其他法律所规定的国家机关，对已经损害社会公共利益或者具有损害社会公共利益重大风险的侵害英雄烈士人格利益的行为，可以原告的身份向人民法院提起民事公益诉讼。

说明：本条是关于检察机关之外其他国家机关提起民事公益诉讼的规定。

根据《烈士褒扬条例》的规定，县级以上人民政府民政部门是烈士褒扬工作的行政主管部门，鉴于民事公益诉讼中的侵权行为既侵害了英雄烈士的人格利益又损害了社会的公共利益，县级以上人民政府的民政部门作为既负有维护社会公共利益职责同时又负责主管烈士褒扬工作的国家机关，就提起公益诉讼所需的知识、经验和技术等各方面因素观察，应为提起保护英雄烈士人格利益民事公益诉讼国家机关的首选。同时，为了适用保护英雄烈士人格利益法律制度在未来发展的需要，本法也考虑到未来其他法律赋予其他国家机关以提起民事公益诉讼职责的可能，故在民政部门之外还规定"其他法律规定的国家机关"也享有民事公益诉讼的诉权，为民事公益诉讼在本法生效以后的发展留下空间。

第二节　社会组织提起公益诉讼

第十一条［社会组织］　法律、法规规定依法登记的社会团体、民办非企业组织以及基金会等社会组织，对已经损害社会公共利益或者具有损害社会公共利益重大风险的侵害英雄烈士人格利益的行为，可以原告的身份向人民法院提起民事公益诉讼。

第十二条［资格条件］　提起民事公益诉讼的社会组织，应符合下列条件：

（一）依法在设区的市级以上人民政府民政部门登记；

（二）专门从事历史学术研究活动且连续五年以上无违法记录。

第十三条［登记认定］　人民法院在审理民事公益诉讼案件时，可以将设区的市，自治州、盟、地区，不设区的地级市，直辖市的区以上人民政府民政部门认定为本法所规定的市级以上人民政府的民政部门。

第十四条［业务认定］　人民法院在审理民事公益诉讼案件时，可以将章程确定的宗旨和主要业务范围是进行历史学术研究且从事公益活动的社会组织认定为本法所规定的专门从事历史学术研究活动的社会组织。

第十五条［记录认定］　人民法院在审理民事公益诉讼案件

时，可以将社会组织在提起诉讼前五年内未因从事业务活动违反法律、法规的规定受过行政、刑事处罚的认定本法所规定的无违法记录。

说明：第十一至十五条是关于社会组织提起民事公益诉讼的规定。

赋予从事社会公益活动的社会组织以提起公益诉讼的权利，是各国公益诉讼制度的普遍做法，当然，这里的社会组织并非泛指一切社会组织，而是其宗旨或业务范围与所维护的社会公共利益具有关联性的社会组织。唯有具有关联性的社会组织，在提起民事公益诉讼时，方能以其知识、经验、技术等各方面的优势实现对英雄烈士人格利益和社会公共利益更有效的保护，同时又不致民事公益诉讼的诉权被滥用。此外，本法还充分借鉴了已施行的《最高人民法院关于审理消费民事公益诉讼案件适用法律若干问题的解释》和《最高人民法院关于审理环境民事公益诉讼案件适用法律若干问题的解释》两部司法解释的规定，对社会组织的资格条件及其具体认定作出了详细的、具有可操作性的规定。

第十六条〔支持诉讼〕　检察机关、县级以上人民政府民政部门及其他国家机关、社会组织、企业事业单位可以通过提供法律咨询、提交书面意见、协助调查取证等方式支持社会组织依法提起民事公益诉讼。

说明：本条是关于社会组织提起民事公益诉讼时获得其他主体支持的规定。

社会组织以维护社会公共利益为目的提起民事公益诉讼，虽其拥有较其他国家机关、社会组织、企业事业单位拥有更多的保护英雄烈士人格利益的知识、经验和技术优势，但一方面其不可能拥有掌握和运用全部优势的技能；另一方面维护社会的公共利益是全社会的共同职责，社会组织不可能享有维护社会公共利益的唯一的、排他的垄断地位，因此，社会组织在提起诉讼前和诉讼进行中，检察机关、县级以上人民政府民政部门及其他国家机关、社会组织、企业事业单位可以通过提供法律咨询、提交书面意见、协助调查取证等方式支持其依法提起民事公益诉讼，以实现对英雄烈士人格利益和社会公共利益更好地保护。

第三章　公益诉讼的管辖

第十七条［地域、级别管辖］　第一审民事公益诉讼案件由侵权行为发生地、损害结果地或者被告住所地的中级以上人民法院管辖。

第十八条［特殊地域管辖］　对利用信息网络侵害英雄烈士人格利益和社会公共利益的行为提起民事公益诉讼的，由侵权行为地或者被告住所地人民法院管辖。

侵权行为实施地包括实施被诉侵权行为的计算机等终端设备所在地，侵权结果地包括英雄烈士事迹发生地和英雄烈士近亲属住所地。

第十九条［特殊基本管辖］　中级人民法院认为确有必要的，可以在报请高级人民法院批准后，裁定将本院管辖的第一审民事公益诉讼案件交由基层人民法院审理。

第二十条［管辖竞合］　同一原告或者不同原告就同一侵害英雄烈士人格利益和社会公共利益的行为分别向两个以上有管辖权的人民法院提起民事公益诉讼的，由最先立案的人民法院管辖，必要时由共同上级人民法院指定管辖。

说明：本章是关于人民法院对民事公益诉讼案件管辖权的规定。

民事公益诉讼在法理上属于因侵权行为提起的民事诉讼，根据

《民事诉讼法》第二十八条的规定，因侵权行为提起的诉讼，由侵权行为地或者被告住所地人民法院管辖，同时借鉴《最高人民法院关于审理环境民事公益诉讼案件适用法律若干问题的解释》的规定，本法将民事公益诉讼的管辖地域规定为侵权行为发生地、损害结果地或者被告住所地。此外，由于民事公益诉讼所维护的是社会的公共利益，往往具有较大影响，因此，本法将中级以上人民法院规定为民事公益诉讼的一审法院。考虑到现实生活和司法实践当中，侵害英雄烈士人格利益和社会公共利益的行为往往发生于网络空间中，且利用信息网络侵害英雄烈士人格利益的行为更容易引发对社会公共利益的损害，本法借鉴《最高人民法院关于审理利用信息网络侵害人身权权益民事纠纷案件适用法律若干问题的解释》的规定，赋予侵权行为地或者被告住所地人民法院以民事公益诉讼案件管辖权的同时，还特别规定侵权行为实施地包括实施被诉侵权行为的计算机等终端设备所在地、侵权结果地包括英雄烈士事迹发生地和英雄烈士近亲属住所地，既达到了司法便民的效果，又借助英雄烈士事迹发生地和英雄烈士近亲属住所地人民法院的管辖，更好地消除、填补了侵权行为对社会公众的公共利益造成的损害。此外，本法还注意到中级人民法院有其既有的审判级别和案件类型，为兼顾实际，允许中级人民法院在认为确有必要且经高级人民法院批准的情形下，将民事公益诉讼案件交由基层人民法院审理。还需要提及的是，由于民事公益诉讼案件系以维护社会公共利益为目的的案件，社会组织提起民事公益诉讼不受社会组织自身所在地域的限制，因此更容易出现同一原告或者不同原告就同一侵害英雄烈士人格利益和社会公共利益的行为分别向两个以上有管辖权的人民法院提起民事公益诉讼的情形，为解决因此种竞合情形带来的管辖纠纷，本法根据民事诉讼的基本法理和通常做法，规定应由最先立案的人民法院管辖，必要时由共同上级人民法院指定管辖。

第四章　公益诉讼权利和义务

第二十一条 ［起诉条件］ 　国家机关和社会组织提起民事公益诉讼，符合下列条件的，人民法院应予受理：

（一）有明确的被告；

（二）有具体的诉讼请求和事实、理由；

（三）属于人民法院受理民事诉讼的范围和受诉人民法院管辖。

第二十二条 ［起诉材料］ 　国家机关和社会组提起民事公益诉讼，应提交以下材料：

（一）起诉状，并按被告人数提出副本。起诉状应载明原、被告的基本法律信息，诉讼请求和所依据的事实与理由，证据和证据来源以及证人姓名和住所。

（二）被告的行为已经损害社会公共利益或者具有损害社会公共利益重大风险的初步证明材料，其中包括死者为英雄烈士的证明材料；

社会组织提起诉讼的，应当提交社会组织登记证书、章程、起诉前连续五年的年度工作报告书或者年检报告书，以及由其法定代表人或者主要负责人签字并加盖公章的无违法记录声明。

说明：第二十一条和第二十二条是关于民事公益诉讼起诉条件和须提交的材料的规定。

根据《民事诉讼法》第一百一十九条的规定，提起诉讼应满足下列条件：（一）原告是与本案有直接利害关系的公民、法人和其他组织；（二）有明确的被告；（三）有具体的诉讼请求和事实、理由；（四）属于人民法院受理民事诉讼的范围和受诉人民法院管辖。在民事公益诉讼中，国家机关和社会组织以维护公共利益为目的向人民法院提起诉讼，因此，与英雄烈士的近亲属不同，它们与英雄烈士的人格利益之间并无法律上的直接利害关系，这也是民事公益诉讼与普通民事诉讼的不同。本法一方面兼顾民事公益诉讼的自身特征；另一方面又特别注重与现行法律的协调，故借鉴《民事诉讼法》第一百一十九条的规定，删除其不适用民事公益诉讼的第一项规定，保留同时适用于民事公益诉讼和普通民事诉讼的后三项规定。国家机关社会组织提起诉讼时应递交的材料，本法充分借鉴已施行的《最高人民法院关于审理消费民事公益诉讼案件适用法律若干问题的解释》和《最高人民法院关于审理环境民事公益诉讼案件适用法律若干问题的解释》两部司法解释的规定，并结合保护英雄烈士民事公益诉讼的自身特有情形，作出了具体的、翔实的规定。

第二十三条〔受理公告〕　人民法院受理民事公益诉讼后，应当在立案之日起五日内将起诉状副本发送被告，并公告案件受理情况。

第二十四条〔告知义务〕　人民法院受理民事公益诉讼后，应当在十日内以书面形式告知同级人民政府民政部门，同级人民政府民政部门提起民事公益诉讼的除外。

第二十五条〔申请参加诉讼〕　有权提起民事公益诉讼的其他国家机关和社会组织在公告之日起三十日内申请参加诉讼的，经审查符合法定条件的，人民法院应当将其列为共同原告；逾期申请的，不予准许。

第二十六条〔私益诉讼〕　英雄烈士的近亲属以其精神遭受损害申请参加诉讼的，人民法院应告知其另行起诉。

英雄烈士的近亲属另行起诉后，认为该案必须以民事公益诉讼的审理结果为依据且民事公益诉讼尚未审结，请求对其提起的诉讼予以中止的，人民法院可以准许。

第二十七条〔证据保全〕　有权提起民事公益诉讼的国家机关

和社会组织，可以依据民事诉讼法的规定申请保全证据。

第二十八条〔释明权〕　人民法院认为原告提出的诉讼请求不足以保护社会公共利益的，可以向其释明变更或增加停止侵害、赔礼道歉等诉讼请求。

第二十九条〔反诉禁止〕　民事公益诉讼审理过程中，被告提起反诉的，人民法院不予受理。

第三十条〔取证权〕　对于审理民事公益诉讼案件需要的证据，人民法院认为有必要的，应当调查收集。

第三十一条〔确认权〕　原告在诉讼过程中承认的对己方不利的事实和认可的证据，人民法院认为损害社会公共利益的，应不予确认。

第三十二条〔民事责任〕　对侵害英雄烈士人格利益并已经损害社会公共利益或者具有损害社会公共利益重大风险的行为，公益诉讼人或者原告可以请求被告承担停止侵害、赔礼道歉、消除影响、恢复名誉、具结悔过等民事责任。

第三十三条〔诉讼请求〕　公益诉讼人或者原告为防止损害的发生和扩大，请求被告停止侵害的，人民法院可以依法予以支持。

第三十四条　民事公益诉讼当事人达成调解协议或者自行达成和解协议的，人民法院应当将协议内容公告，公告期限不少于三十日。公告期满后，人民法院审查认为调解协议或者和解协议的内容不损害社会公共利益的，应当出具调解书。

经审查，调解协议或和解协议的内容损害社会公共利益的，人民法院应依法作出判决。当事人以达成和解协议为由申请撤诉的，不予准许。

调解书应当写明诉讼请求、案件的基本事实和协议内容，并应当公开。

第三十五条〔撤诉禁止〕　法庭辩论终结后，原告申请撤诉的，人民法院不予准许。

第三十六条［另诉情形］ 民事公益诉讼的裁判生效后，有权提起诉讼的其他国家机关和社会组织就同一行为另行起诉，有下列情形之一的，人民法院应予受理：

（一）前案公益诉讼人或者原告的起诉被裁定驳回的；

（二）有证据证明存在前案审理时未发现的损害的；

第三十七条［强制执行］ 发生法律效力的民事公益诉讼的裁判，需要采取强制执行措施的，应当移送执行。

第三十八条［费用支持］ 原告及其诉讼代理人对侵权行为进行调查、取证的合理费用、合理的律师代理费用，人民法院可以根据实际情况予以相应支持。

第三十九条［费用缓交］ 社会组织交纳诉讼费用确有困难，依法申请缓交的，人民法院应予准许。

说明：第二十三条至第三十九条均系对民事公益诉讼中各诉讼主体诉讼权利和诉讼义务不同于普通民事诉讼的规定。

人民法院作为诉讼主体，因民事公益诉讼所维护的是社会的公共利益，故审理该案时应不同于审理普通民事诉讼案件，应特别注重对社会公共利益的维护，应特别注意发挥人民法院的能动职能。受理普通民事诉讼案件时，因只关系到当事人的私益，与社会公共利益无关，故无须将案件受理情况进行公告；但受理民事公益诉讼案件时，因与社会公众的公共利益有关，为保证社会公众的知情，应将受理情况予以公告。同样地，受理普通民事诉讼案件，无须告知行政主管部门；受理民事公益诉讼案件，却应告知代表社会公共利益的行政主管部门。审理普通民事诉讼案件时，为充分尊重当事人对私益的处分权，应慎重行使对诉讼请求的释明权；在审理民事公益诉讼案件时，因当事人的诉讼请求关涉到社会公共利益，若发现其诉讼请求不足以维护社会公共利益，则有权对诉讼请求进行达到保护社会公共利益目的的释明。在审理普通民事诉讼案件时，被告有权提出反诉；在审理民事公益诉讼时，鉴于当事人系以维护公共利益为目的而提起诉讼，被告不应享有反诉于社会公共利益的私益，故禁止被告提出反诉。在审理普通民事诉讼案件时，为恪守"谁主张、谁举证"的民事证据规则，应在法律严格限制下行使调查取证的权力；在审理民事公益诉讼案件时，因案件关系到社会公共利益，人民法院认为有必要时，可主动进行调查取证。在审理普通民事诉讼案件时，同样为尊重当事人对自身私益的处分权，对当事人认可对己不利的事实和证据，应予以采信；在审理民事公益诉讼案件时，为确保社会公共利益不受损害，若原告认可对己不利的事实和证据损害社会公共利益的，人民法院应不予以确认。在审理普通民事诉讼案件时，为贯彻意思自治，应允许原告撤诉；在审理民事公益诉讼案件时，原告的诉讼请求系为维护社会公共利益作出，人民法院认为有必要则可对原告的撤诉申请不予准许。在审理普通民事诉讼案件时，对双方当事人达成的调解或和解协议，应审查其是否真实、自愿作出；在审理民事公益诉讼案件时，除应审查其是否真实、自愿作出外，还应审查其是否损害了社会的公共利益，若其损害社会公共利益的，应及时作出判决，而禁止当事人形成调解或和解。

此外，本章为鼓励提起民事公益诉讼的行为和保证民事公益诉讼判决更好地维护社会的公共利益，还就另行起诉、费用支持、费用缓交等情形作出了具体规定。

第四十条［牟利处理］　社会组织有通过民事公益诉讼违法收受财物等牟取经济利益行为的，人民法院可以根据情节轻微依法收缴其非法所得、予以罚款；涉嫌犯罪的，依法移送有关机关处理。

社会组织通过民事公益诉讼牟取经济利益的，人民法院应当向登记机关或者有关机关发出司法建议，由其依法处理。

国家机关及其工作人员通过民事公益诉讼牟取经济利益的，由有关机关依法处理。

说明：本条是对违反牟利禁止原则应承担的法律责任的规定。

本法第四条确立了民事公益诉讼牟利禁止的原则。提起民事公益诉讼的国家机关和社会组织违反该原则的，应承担法律上的不利后果。本法充分借鉴《最高人民法院关于审理环境民事公益诉讼案件适用法律若干问题的解释》的规定，对其法律责任作出了与该司法解释相协调的具体规定。

第五章　附则

第四十一条［参照适用］　对已经损害社会公共利益或者具有损害社会公共利益重大风险的侵害英雄烈士遗体和遗骨的行为，本法规定的国家机关和社会组织可参照本法提起民事公益诉讼。

说明：本条是关于侵害英雄烈士遗体和遗骨参照本法提起民事公益诉讼的规定。

根据《最高人民法院关于确定民事侵权精神损害赔偿责任若干问题的解释》的规定，英雄烈士作为死者，其遗体和遗骨受法律保护，侵害其遗体和遗骨的，应承担精神损害赔偿责任。但目前在我国民法学术界，死者的遗体和遗骨是否可以归属于人格利益的范畴仍然存在较大争议，但本法又不能放弃对英雄烈士遗体和遗骨的保护，故此在附则当中作出了参照适用的规定。

第四十二条［施行日期］　本法自××××年××月××日起施行。

说明：本条是关于本法生效日期的规定。

鉴于该法系对保护英雄烈士人格利益民事公益诉讼制度的创设性、系统性规定，且需要其他法规的配套，更需要广泛地予以宣传，故不宜在公布之日生效，应在公布之后的一段时间之后施行。

十一 《民法总则》通过后如何保护 英雄烈士的人格利益

——兼论《民法总则》第一百八十五条的得与失

3月15日，国家主席习近平签署第六十六号主席令，公布了由刚刚闭幕的第十二届全国人大第五次会议于同日审议通过的《中华人民共和国民法总则》（以下简称"《民法总则》"）。《民法总则》的通过和公布，意味着中国特色社会主义法律体系日臻成熟和完善，这对全面推进依法治国、建设社会主义法治国家将有着深远的历史意义。特别是它在第一百八十五条中所设置的英雄烈士人格利益保护制度，更是为以法治思维和法治方式反对历史虚无主义开民事立法之先河，尤为引人瞩目。但同时也应当看到，《民法总则》第一百八十五条并非完美无缺，不少人读之总有意犹未尽乃至含混不清之感。为此，笔者不揣浅薄，对该条文的得与失尝试作出粗浅分析，为《民法总则》通过后如何在实体上进一步保护英雄烈士的人格利益进行初步的理论探索。

一、《民法总则》第一百八十五条的"得"

《民法总则》第一百八十五条规定，"侵害英雄烈士等的姓名、肖像、名誉、荣誉，损害社会公共利益的，应当承担民事责任"。

该条首次以基本法律中专项条款的方式设置了英雄烈士人格利益保护制度，确立对英雄烈士姓名、肖像、名誉、荣誉的民法保护，开创出对英雄烈士人格利益施以民法保护的立法先河，这对防止以侮辱、诽谤、贬损、丑化等方式侵害英雄烈士人格利益的历史虚无主义侵权行为、保护英雄烈士的人格利益并进而维护社会公共利益具有重大的现实意义，其积极作用和显著效果应予以充分肯定，这就是《民法总则》第一百八十五条之"得"。

二、《民法总则》第一百八十五条的"失"

需要强调的是，这里的"失"并非是失败的"失"，而是缺失的"失"，它所指向的并不是对《民法总则》第一百八十五条的否定，而是试图说明该条仍有进一步完善的空间。

（一）死者的民法地位仍处于空白状态，致使对英雄烈士人格利益的民法保护缺乏足够的法理支持

尽管《民法总则》第一百八十五条专条设置了英雄烈士人格利益保护制度，但就法理而言，英雄烈士实质的法律地位仍然是死者即已经死亡的自然人，对英雄烈士人格利益的保护实质上也仍然是对死者的人格利益的保护。因此，对死者法律地位和人格利益的制度设计，是保护英雄烈士人格利益的法理基础。但纵观《民法总则》，死者的民法地位仍处于空白状态，这致使对英雄烈士人格利益的民法保护缺乏足够的法理支持。

一是基于民事权利能力始于出生终于死亡的基本法理，作为已经死亡的自然人的英雄烈士不能够再享有人格权利。《民法总则》第十三条规定，自然人从出生时起到死亡时止，具有民事权利能力，依法享有民事权利，承担民事义务。民事权利能力作为民事主

体以自己的名义享有民事权利和承担民事义务的资格，其起始时间被《民法总则》界定为出生和死亡。易言之，自然人在出生之前和死亡之后，并不具备民事权利能力，不能够以自己的名义享有民事权利和承担民事义务，其中当然也包括作为民事权利重要组成部分的人格权利如姓名权、肖像权、名誉权、荣誉权和隐私权等。作为已经死亡的自然人的英雄烈士，其虽与普通死者在很多方面有着诸多不同，但其法律性质仍是死者。因此，基于《民法总则》民事权利能力始于出生终于死亡的基本法理，作为已经死亡的自然人的英雄烈士，不能够再享有姓名权、肖像权、名誉权、荣誉权和隐私权等人格权利。

二是对胎儿的特殊利益保护，更容易使人形成自然人出生之前受保护而死亡之后不受保护的误解。《民法总则》第十三条确立了民事权利能力始于出生终于死亡的基本法理，但为了更好地保护胎儿的合法权益，其第十六条还确立了对胎儿实施特殊保护的制度，该法第十六条规定，涉及遗产继承、接受赠与等胎儿利益保护的，胎儿视为具有民事权利能力。但胎儿出生时为死体的，其民事权利能力自始不存在。于此观察，特别是将《民法总则》第十三条和第十六条结合起来观察，至少在形式上，《民法总则》所规定的民事权利能力同时涵摄到出生至死亡以及特定情形之下的出生之前（胎儿阶段），至于自然人死亡之后如何，《民法总则》则只字未提，因此，这很容易使人形成自然人出生之前受保护而死亡之后不受保护的误解。

三是《民法总则》没有明确区分民事权利与民事利益的不同，没有区分姓名与姓名权、肖像与肖像权、名誉与名誉权、荣誉与荣誉权的不同，致使英雄烈士人格利益保护制度缺乏足够的法理支持。在《民法总则》第一百八十五条中，民法所保护的法益是英雄烈士的姓名、肖像、名誉和荣誉，按民法法理理解，这里的姓名、肖像、名誉和荣誉，与其第一百一十条所规定的自然人享有的姓名权、肖像权、名誉权和荣誉权具有本质的不同，前者是指四种民事利益，后者则是指四种民事权利。前者是指已经死亡的自然人在死亡之后仍然接受法律保护的法益，后者是指自然人在出生之后和死亡之前所享有的民事权利。但在《民法总则》中，并未明确规定自然人死亡后继续享有人格利益或其人格利益仍然接受法律保护，换句话说，《民法总则》并没有将民事权利与民事利益明确地区分开来，因此，其第一百八十五条所规定的姓名、肖像、名誉和荣誉，究竟是否为民事利益以及为何受到民法的保护等问题并未得到明确回答，这致使其所设计的英雄烈士人格利益保护制度缺乏足够的法理支持。

（二） 对英雄烈士人格利益的列举性规定仍有遗漏

《民法总则》第一百八十五条列举了受到民法保护的英雄烈士的四种人格利益即姓名、肖像、名誉和荣誉，这一规定并未涵盖应受民法保护的英雄烈士的所有人格利益，其所遗漏的应受民法保护的英雄烈士的人格利益至少有三项：

首先，是英雄烈士的隐私。《侵权责任法》第二条第二款明确规定，民事主体的隐私权受民法保护，侵害民事主体隐私权益的应依法承担民事责任；《最高人民法院关于确定民事侵权精神损害赔偿责任若干问题的解释》第三条也规定，非法披露、利用死者隐私，或者以违反社会公共利益、社会公德的其他方式侵害死者隐私的，死者的近亲属可以依法向人民法院提起诉讼请求侵权行为人赔偿精神损害；《民法总则》第一百一十条也明确将隐私权确定为自然人享有的民事权利之一种。因此，《民法总则》第一百八十五条只列举姓名、肖像、名誉和荣誉的现行规定，其弊端有五：一是容易造成《民法总则》与其他民事单行法律和司法解释的冲突。《侵权责任法》和《最高人民法院关于确定民事侵权精神损害赔偿责任若干问题的解释》均规定隐私和隐私权是民事主体享有的一种民事权益，而《民法总则》第一百八十五条却规定革命烈士作为民事主体不再享有隐私这种民事权益；二是容易造成《民法总则》内部的冲突。《民法总则》第一百一十条已然将隐私权确定为民事主体享有的民事权利的一种，但其第一百八十五条却将隐私排除在英雄烈士应受民法保护的人格利益范围之外；三是容易造成社会公众的误解。《民法总则》第一百八十五条的现行规定，从条文字面含义的角度出发，社会公众很容易理解为英雄烈士的隐私并不受民法的保护；四是与民法的平等保护法理相背离。对民事主体的合法权益给予平等保护，是民法的基本法理。《民法总则》第一百八十五条的现行规定，将导致英雄烈士所享有的人格利益的范围少于普通死者所有享有的人格利益的结果，直接背离了民法的平等保护原则；五是不利于防止历史虚无主义的侵权行为。在现实生活中，发表历史虚无主义言论行为人往往借助非法披露、利用英雄烈士个人隐私的方法，通过所谓的"揭秘"，以达到贬损、丑化英雄烈士人格形象的目的。《民法总则》第一百八十五条的现行规定，无疑不利于防止借助非法披露、利用英雄烈士个人隐私的历史虚无主义的侵权行为。

其次，是英雄烈士的遗体和遗骨。虽然现行法律并未明确将死者的遗体和遗骨界定为死者的人格利益，但由于众所周知的社会常识，非法利用、损害死者的遗体和遗骨，其行为性质和损害后果，不亚于甚至严重于对死者姓名、肖像、名誉、荣誉和隐私的侵害；其所损害的法律上的利益，与其说是作为民法上的"物"的遗体和遗骨，不如说损害的是死者的人格利益，"挫骨扬灰"所挫扬的并不是死者的骨与灰，而是对死者人格利益更为激烈、更为彻底的否定，死者的遗体和遗骨也因此往往获得了法律的人格意义。正是在这个意义上，《最高人民法院关于确定民事侵权精神损害赔偿责任若干问题的解释》第三条将遗体和遗骨与死者的姓名、肖像、名誉、荣誉和隐私一同作为了受民法保护并有权请求精神损害赔偿的利益类型。需要特别给予注意的是，英雄烈士的遗体和遗骨，不仅体现了英雄烈士作为死者所应享有的人格利益，更鉴于其遗体和遗骨同时还是社会公众寄托民族情感和历史情感的具体所在，因此，英雄烈士的遗体和遗骨更应得到民法的保护。《民法总则》第一百八十五条未将英雄烈士的遗体和遗骨纳入与其姓名、肖像、名誉、荣誉和隐私施以同等保护的范围，实为一大憾事。

最后，是英雄烈士纪念设施。为纪念英雄烈士专门修建的烈士陵园、纪念堂馆、纪念碑亭、纪念塔祠、纪念塑像、烈士骨灰堂、烈士墓等设施，是人们纪念英雄烈士事迹、精神的物理场所，同时也是展现英雄烈士人格精神的具体形象空间。如同英雄烈士的遗体和遗骨，英雄烈士的纪念设施已经脱离了其纯粹的民法上"物"的形态，具有了英雄烈士本人的人格象征意义，同时也成为了社会公众寄托民族情感和历史情感的具体对象。对英雄烈士纪念设施的破坏和污损，不仅侵害了英雄烈士本人的人格利益，同时还构成了对社会公共利益的损害，该种侵权行为若不加以民法上的规制，势必难以达到彻底保护英雄烈士人格利益的目的。

（三）"英雄烈士等"的具体内涵和外延难以确定

《民法总则》第一百八十五条所确定的受民法保护的利益主体是"英雄烈士等"，结合现行法律规定观察，其"英雄烈士"和"等"均难以确定其具体的内涵和外延。

首先，"英雄烈士"的内涵和外延难以确定。在我国现行有效的法律体系中，《全国人民代表大会常务委员会关于设立烈士纪念日的决定》《烈士公祭办法》《烈士纪念设施保护管理办法》和

《烈士褒扬条例》等均明确使用了"烈士"一词，特别是《烈士褒扬条例》，其第二条和第八条还对在保卫祖国和社会主义建设事业中牺牲的公民于何种情形下获评为烈士作出了具体规定，这实际上是界定了"烈士"的内涵和外延，但这难以完成对"英雄烈士"内涵和外延的界定。一是因为在《烈士褒扬条例》生效之前，我国尚有一部《革命烈士褒扬条例》，依据该条例所批准的"革命烈士"是否在"烈士"之列，《民法总则》并未作出具体规定；二是因为"英雄"一词截至目前并未得到中央立法的采纳，尽管有部分地方立法如《江西省英雄模范褒奖办法》和《天津市表彰人民治安模范暂行条例》等已经使用"英雄"一词，但它们是在"英雄模范"的整体意义上使用的，并不是对"英雄"的单独定义，且其对"英雄模范"本身的定义并没有明确的上位法依据，彼此之间的定义也不尽相同。因此，"英雄"一词的内涵和外延着实难以确定。

其次，"等"的内涵和外延难以确定。《民法总则》第一百八十五条于"英雄烈士"之后所使用的"等"字，从立法技术和条文逻辑的角度看，是指与"英雄烈士"具有相同或近似法律地位的其他民事主体。但在现行有效的法律体系当中，着实难以找到与英雄烈士处于相同或近似法律地位的其他民事主体。因此，"等"的抽象使用，本意填补立法所不能够穷尽的列举，以防挂一漏万，但却使得对《民法总则》第一百八十五条的理解和适用变得愈加困难了。

（四）有限制保护英雄烈士人格利益的嫌疑

笔者认为，这是《民法总则》第一百八十五条的最大之"失"。根据该条规定，侵害英雄烈士等的姓名、肖像、名誉、荣誉，应当承担民事责任的，还必须满足"损害社会公共利益"的构成要件。从条文的字面含义看，人们很可能对该条形成下面这样的理解：侵权行为人要承担侵害英雄烈士姓名等人格利益所引发的民事责任，其侵权行为不仅侵害了英雄烈士的人格利益，同时还必须损害了社会的公共利益；若侵权行为人的侵权行为只侵害了英雄烈士的人格利益而未损害到社会的公共利益，则侵权行为人无须承担民事责任。

《民法总则》第一百八十五条之所以存在上述如此明显的最大之"失"，是因为它没有将英雄烈士与普通死者区分开来、没有将对英雄烈士人格利益的民法保护与对普通死者人格利益的保护区分开来。所以，它的本意是要特别强调对英雄烈士人格利益的民法保护、是要特别指明侵害英雄烈士人格利益的往往还同时构成了对社会公共利益的损害，但却在实际上增加了侵害英雄烈士人格利益应承担民事责任的构成要件，使社会公共利益未受损害情形下的英雄烈士的人格利益脱离民法的保护，从而导致限制了或缩小了对英雄烈士人格利益的保护。

还必须特别提及的是，要求侵害英雄烈士人格利益的侵权行为承担民事责任须以损害社会公共利益为构成要件，同时还违反了民法的平等原则。如上所述，根据《民法总则》第一百八十五条的规定，在保护英雄烈士的人格利益时，侵权行为人承担民事责任的构成要件有二，一是侵害了英雄烈士的人格利益；二是同时还损害了社会的公共利益；但对于普通死者人格利益的保护，根据司法解释的规定，只需要侵害了普通死者的人格利益即可，至于是否损害了社会的公共利益则在所不问。这实际上表明民法保护普通死者的力度大于对英雄烈士的保护，明显地违背了民法的平等原则。

三、《民法总则》通过后如何保护
英雄烈士的人格利益

鉴于《民法总则》第一百八十五条存在若干上述之"失"，建

议最高人民法院在制定审理涉及保护英雄烈士人格利益案件的司法解释时，对以下问题给予明确规定：

第一，自然人死亡后，其人格利益受民法保护；

第二，英雄烈士的隐私与其姓名、肖像、名誉、荣誉，均受民法保护；

第三，英雄烈士的遗体、遗骨与具有人格象征意义的英雄烈士纪念设施，参照英雄烈士的人格利益给予保护；

第四，除依据《烈士褒扬条例》和原《革命烈士褒扬条例》认定或批准为烈士或革命烈士的，人民法院有权认定受侵害人是否为英雄烈士；

第五，英雄烈士的人格利益是社会公共利益的组成部分；

第六，侵害英雄烈士人格利益的，除依法承担民事责任外，还应就对社会公共利益的损害承担相应的民事责任。